BIOGRAFIAS ESPASA
nuestro tiempo

FRANZ ENDLER

en
conversación
con

Von Karajan
Mi vida

obertura
de

Antonio Fernández-Cid

ESPASA-CALPE
Madrid - 1990

Diseño de cubierta: José Fernández Olías
Fotografía de la cubierta: H. Von Karajan. *EFE*
Director de la colección: Ricardo López de Uralde

TRADUCCIÓN DEL ALEMÁN: ABELARDO MARTÍNEZ DE LAPERA
Título original: *Herbert von Karajan, Mein Lebensbericht.*
Aufgezeichnet von Franz Endler

Las fotografías cuya procedencia no consta en su lugar
respectivo han sido facilitadas por J&V Edition

Impreso en España
Printed in Spain

Depósito legal: M.12.442-1990
ISBN 84—239—2221—9

Talleres gráficos de la Editorial Espasa-Calpe, S. A.
Carretera de Irún, km. 12,200. 28049 Madrid

obertura

¿UNA *Obertura* con destino al libro que recoge la fiel transcripción de sostenidos y prolongados encuentros con Herbert von Karajan? Para que el título resultase justificado y digno de la extraordinaria personalidad a la que nos acercamos, tendría que producirse el milagro: ese acorde preciso, contundente, redondo y grandioso, que sólo él sabía arrancar de las orquestas en, supongamos, el comienzo de *Los maestros cantores de Nüremberg,* música tantas veces dirigida. Entonces sí alcanzaría la etiqueta un adecuado valor. De otra forma, estímese como simple encabezamiento con significación de arranque o punto de partida, no merecedor de considerarse prólogo.

Entre otras cosas, porque prólogo, complemento ideal para la mejor evocación de Karajan —la fabulosa herencia de sus versiones— pueden serlo todas estas páginas en las que descubrimos al hombre en función de su arte; no, como ahora se estila, en aspectos relacionados con su vida íntima, su entorno privado, sino en la proyección de la persona, su dedicación y desvelo por la música, el sentido profundo y responsable por el que cuida y vigila el menor detalle, exige de los demás, sí, pero porque antes se ha exigido a sí mismo con dura inflexibilidad.

Mi primer encuentro con Karajan se produjo en 1940. En el Madrid de la inmediata posguerra. Con la europea desatada. Renacía, después del forzoso paréntesis bélico, nuestra Orquesta Filarmónica. En el incómodo, estrecho, insuficiente palomar del edificio de bomberos, de la Calle Imperial. Subir en el desvencijado ascensor constituía ya una aventura no exenta de peligro. La sala de ensayos, apenas permitía el prieto acoplamiento de los profesores. Pasó entre ellos, como una exahalación, el juvenil maestro. Llevaba para el trabajo, una especie de mono azul, o un pantalón y camisa ligeros de ese color. No recuerdo bien. Sin apenas respiro, levantó la batuta. A las primeras notas del trompa, en la obertura de *Oberón,* ya interrumpió con un corte drástico y una imitativa, burlesca repetición del ensanchamiento que no estimaba indicado. En la introducción se demoró, minutos y minutos. Hasta dar el visto bueno al seco acorde fortísimo que abre paso al «Allegro»; por pobre, unas veces, largo otras, sin contundencia todas, pasaron momentos que se hacían interminables. Lo mismo había de ocurrir en el comienzo de la *Cuarta sinfonía,* de Brahms, que caricaturizaba con voz desabrida, hasta lograr el deseado clima de lejanía poética y ensueño. La situación se reiteró en *Las travesuras de Till Eulenspiegel* y la obertura de *Los maestros cantores.*

Karajan, en otras palabras, ya era, a sus treinta y dos años, el riguroso, intransigente buscador de lo perfecto de las etapas maduras, las de ancianidad gloriosa. Y se producía con una fórmula que no modificó en el discurrir del tiempo: señalar bien su autoridad, su inflexible decisión de conformismo desde los encuentros iniciales con los instrumentistas, a los que imponía la inexorable regla de forma que no hubiese la menor duda: con esa depuración laboriosa de los compases de arranque, en la seguridad de impresionarles de tal manera que el resto sería ya más fácil de lograr.

Había, claro, nervios, veladas protestas, porque no eran la comunicatividad, la simpatía, la familiaridad, normas peculiares en el maestro; pero, al tiempo, se admiraba su trabajo sólido, su dominio y autoridad. Cuando, ya en el concierto —así en el madrileño que comentamos—, el público se desbordaba, el entusiasmo se hacía inenarrable y la orquesta comprendía que estaban tocando de otra forma, esfuerzos, sacrificios e intemperancias se daban por bien empleados. Y sólo quedaba lugar para la general sincera lamentación, al no ser posible el retorno del artista.

Desde entonces, como afortunado asistente a todos los ensayos y al concierto, quedé inmunizado contra los fáciles argumentos detractores de un Karajan de aparente, excesiva sobriedad en la actuación, precisamente porque el trabajo a conciencia se había realizado por él, como el esfuerzo de transmisión, durante las muchas horas a solas con sus profesores, en el laboratorio de la sala de ensayos.

Nadie ha podido negar a Karajan su primacía en lo que atañe a popularidad, fuerza de arrastre, valor como producto disputado por los públicos todos. Incluso en quienes, sin torcidas intenciones o previas actitudes hostiles, se hallan lejos de considerar como ideales todas las versiones y predilectos los estilos todos adoptados por el maestro, hay un reconocimiento leal a logros antológicos y portentosos resultados, que hacen distintos el rendimiento y el sonido de las orquestas que actúan bajo su mando. Pero, pese a ello, ¿no superan a esos informes, juicios o comentarios de signo artístico, los que lógicamente debieran siempre ascender al primer plano, aquellos que se ocupan del Karajan hombre de negocios, de sus imperios económicos, sus exigencias materiales, el boato y la corte que le rodea, las noticias más propias de la prensa rosa que de la musical especializada?

Contra eso me he rebelado siempre. Contra el intrépido, juvenil colega que, después de una versión asombrosa de *Una vida de héroe* que fue aclamada minutos y minutos en el Real, se me acercaba con la pretensión, «porque yo debía saberlo», de informes sobre lo que ganaba el director por concierto, si las relaciones con su esposa atravesaban, o no, por un buen momento; si es verdad que tenía una avioneta, barcos, coches, villas, propiedades... Cuando le aseguré que ni lo sabía, ni me importaba, quiso fulminarme con el mayor de los desprecios. Pero yo no soy agente o inspector fiscal, sino crítico de música, amante de la música, y es la música misma la que me incumbe, sin que me afecte lo más mínimo, antes al contrario, que un artista se convierta en potentado por los ingresos que, por uno u otro camino, supo lograr.

Por lo demás, los encuentros de los que sirve testimonio este volumen, pueden ser aleccionadores para muchos y completar de muy significativa forma el real perfil de una figura a la que sólo se conoce ya instalada en el podio de los triunfadores, cuando el recorrido hasta alcanzarlo distó de ser fácil y, sobre todo, fue vivido en los muy diversos grados y situaciones de un profesionalismo, forja experimental insustituible, merced a la que Karajan bebió en las fuentes más directas y estableció las bases prácticas de una carrera muy lejos de comenzar en la cúspide.

Insisto: creo de sumo interés que por todos pueda saberse, con la base testimonial directa de los informes que el propio Karajan desgrana en estas páginas sin desperdicio, lo que fue la vida del músico hasta convertir su nombre en el más popular del siglo en la ciudad que le vio nacer.

Allí, en Salzburgo, realizó sus primeros estudios musicales, cantó en un coro parroquial, cultivó el teclado, lo mismo que su hermano mayor, y se autoformó también con la asistencia constante a conciertos y representaciones de ópera en Viena y en el propio análisis de partituras.

Pero la base fundamental, la escuela decisiva, la que confiere práctica y dominio, descubre problemas y fuerza soluciones para vencerlos, no llegará hasta que comienza su actividad propia como director, en Ulm.

Es en 1929. Con *Las bodas de Fígaro.* Los medios son escasísimos; el cambio de repertorio, constante. En ocho años, cabría decir que lo dirige todo y que, al concluir la última temporada sin que se renueve su contrato, cuando, luego de unos meses de inquietud e incertidumbre en Berlín, es contratado por Aquisgrán, como pronto en Karlsruhe, donde afirma las conquistas y las amplía, Karajan se convierte en un maestro experto, flexible en el complejo engarce de cantantes y orquesta, y apto para desenvolverse en los más variados géneros y estilos.

Karajan no teme las pruebas de las que, incluso, dependen los contratos. Considera que desde los primeros momentos las paradas, las exigencias rigurosas, de acuerdo con el máximo de posibilidades que puedan exigirse a cada orquesta, le rodean de una mayor autoridad ante los instrumentistas.

Todo parece perfectamente encauzado. Hay, sólo, sustanciales diferencias con respecto a lo que podrá imponer en el futuro. Impresiona pensar que en 1937 tuvo que dirigir en Viena un *Tristán* sin ensayos. Era la servidumbre, el pago más doloroso para darse a conocer. La pronta contrapartida, podría encontrarse en que, seguro de su fuerza, declinó la invitación de presentarse el año 38 en Berlín, por no querer hacerlo con la incógnita de un estreno, y sí con *Fidelio, Los maestros cantores* o *Tristán e Isolda,* propuesta triple que se acoge, de momento, con una negativa. De momento sólo, porque, después de un cruce laborioso de cartas, acaba por triunfar el maestro y el debut con *Tristán,* en octubre del año indicado, merece ya fervores críticos, bien puede ser que un poco impulsados por el malsano deseo de oposición a Furtwängler: «La maravilla de Karajan», titula un comentarista conocido.

Pero la guerra está próxima. Es muy duro cortar en seco algo que acaba de lograrse y necesita afianzamiento.

Una de las cualidades mayores que se advierten a lo largo de estas confesiones que ahora conocemos, es la natural y sincera forma de exponer hechos, circunstancias y actitudes, sin huir, ni enmascarar el relato de problemas, cuando, repitámoslo, el comportamiento del hombre afecta ál devenir artístico.

Se ha censurado mucho a Karajan que un día fuese miembro del partido nacional socialista lo que, concluida la guerra, incluso tuvo serias, momentáneas consecuencias para él. Karajan ni niega, ni aún se defiende. Sólo explica que la afiliación era requisito indispensable para ser director general en Aquisgrán. Y aseguro lo que en verdad le importaba y fue para él justificación determinante: «Pude hacer música según mis ideas».

Los últimos meses en Berlín, acosado por los bombardeos y el hambre, se juzgan por Karajan musicalmente maravillosos.

Llamado a filas cuando está en Italia, es decisiva la ayuda de un general filarmónico..., que no le encuentra nunca plaza en un avión de regreso. Y el forzoso exilio posterior de los primeros tiempos, deja testimonio de lo que es el sentido práctico y la capacidad de trabajo de Karajan: estudia el italiano, hasta dominar la lengua; se enfrasca en el minucioso análisis de una partitura tras otra.

Pronto se despeja el horizonte. La fidelidad recíproca del maestro y los componentes de la Sociedad de Amigos de la Música de Viena, son la base de nexos muy profundos con la capital austríaca. ¿Que Karl Böhm es figura de vinculación particular a los «filarmónicos»? Bien. Con la Orquesta Sinfónica puede, asimismo, realizarse una magnífica labor.

Es un poco lo que ocurre en Berlín. Puede ser que Wilhelm Furwängler, admirable y tan distinto maestro, suponga un muro difícil de salvar para su conexión firme con la Filarmónica, pero en la Ópera todos aguardan ilusionados a un maestro con la talla, experiencia y fuerza de captación que ya posee Karajan. Las relaciones, además, con el *factotum* Heinz Tietjen son magníficas. Y cuando se produce la muerte de Furtwängler, los sondeos entre los filarmónicos berlineses resultan de avasalladora adhesión, aunque se le propone el nombramiento condicionado al eco de la inmediata excursión americana.

El éxito de la gira, pese a las reservas —siempre motivaciones de raza y pueblo—, tiene signos excepcionales. Karajan va realizando su gran sueño. Cuando se le pregunta: «¿Está dispuesto a ser el director artístico de la Orquesta Filarmónica de Berlín?», la contestación es, para alguien tan parco en demostraciones entusiastas, bien significativa: «Con mil amores».

Hasta aquí se habló del Herbert von Karajan que sembraba las bases de un futuro imperio de grandeza incalculable. No me propongo establecer relaciones de signo exhaustivo. Tampoco seguir rigurosas cronologías. Tan sólo recordar los puntos fundamentales a los que extendió su dominio, para, sólo después, apuntar algunas consideraciones sobre sus características como director.

Llega un momento en el que las figuras cumbres, los nombres más representativos de la dirección de orquesta, quienes en el pasado inmediato alcanzaron la gloriosa cumbre de la especialidad, o han fallecido ya, o se hallan en las postrimerías de sus vidas artísticas.

Arturo Toscanini, con la estela de su inflexibilidad y rigor, su impulso hacia la vivacidad de los *tempos* y lo inexorable de realizaciones en muchos aspectos difíciles de superar; Wilhelm Furtwängler, en los antípodas, capaz del genial destello, entre circunstanciales desmayos en el mando, que conducían a desigualdades, compensadas con creces con la fuerza de una subyugante personalidad artística, encabezarían la relación. Pero sin que olvidásemos a maestros como Bruno Walter, Clemens Kraus, Erich Kleiber, Otto Klemperer, George Szell, Carl Schuricht, Hans Knappertsbusch, Victor de Sábata y muchos otros; herederos, por muy distintos caminos, de la mejor tradición.

Mientras, Karl Böhm, músico sólido, experto director, con aureola justa de especialista en Mozart y Strauss, tiene sí, un gran predicamento, sobre todo casero, en los países austríacos por los que discurre habitualmente su vida, que alimentará con su trabajo hasta edad longeva.

Karajan se encuentra en 1955 con la base de la Orquesta filarmónica de Berlín en sus manos. Y si alguna vez, pasado el tiempo, reconocerá —cuando se pone por completo en sus manos el Festival de Salzburgo, exactamente— «seré en él un dictador», la frase bien pudo pronunciarla, al menos pensarla en su interior, cuando comienza la era berlinesa.

En ella sucede a Furtwängler, que en tantas ocasiones dejaba tocar a la orquesta a su aire. (Viene a mi recuerdo, en estos momentos, una vieja confidencia que me hizo el entrañable Ataúlfo Argenta: nunca sintió más la grandeza de un director que al escuchar en un concierto la obertura de *El buque fantasma,* dirigida por Furtwängler a los profesionales de la Filarmónica de Berlín. Discurría mortecina, gris, la versión. De pronto, se enderezó el maestro, dio especial impulso a los brazos, al cuerpo, la cabeza, subrayado con el seco golpe de un pie, y en la orquesta prendió, con una llama, el fuego de la inspiración más arrebatadora).

No bastaba para Karajan, para su radical decisión de evitar abandonos, desmayos, puntos muertos, la confianza en el esfuerzo definitivo del concierto, cuando a él se debe llegar con las máximas garantías de tener asimiladas, en el fondo y la forma, las obras de cada programa.

Que a unos profesores de su clase, por todos proclamada, les impusiese el maestro sus hábitos y convocase para un primer ensayo sólo a la cuerda; que repitiese, una y otra vez, un pasaje, una frase, en busca de un matiz, un regulador, un acento, como con músicos bisoños, había de causar tanta sorpresa como deseos de rebeldía. Lo que ocurría era que las consecuencias de esa minuciosidad se reflejaban en los resultados; que hasta los más reacios habían de admitir la base lógica y de fondo en todas las exigencias y que los inmediatos reconocimientos, la respuesta fervorosa del público, la popularidad cada vez mayor y los beneficios materiales —todo hay que decirlo—, que traía consigo un maestro «divo» en olor de multitud, acallaban incluso los últimos recelos.

Durante muchos años, nombrado Karajan director a perpetuidad, su maridaje con la Orquesta Filarmónica de Berlín se convirtió en la más perfecta, duradera, brillante y arrebatadora relación sinfónica de cuantas hayan existido en el mundo.

Con difíciles deseos, por parte de los berlineses, de un exclusivismo al que ni Karajan, cuya voluntad expansiva en arte —y en la industria del arte— nunca reconoció límites, ni las grandes potencias del orbe estaban dispuestos a aceptar.

El lector de este libro encontrará en él datos y detalles puntuales, que no es cosa de repetir aquí.

Yo haría particular hincapié en su conexión fecunda con la Scala de Milán, donde el maestro, confirma, si hiciese falta, su versatilidad.

(La versatilidad. Permítaseme el paréntesis. Creo que no hay director con un más amplio y variado repertorio que el abordado por él, a lo largo de tantos años de actividad. En lo sinfónico y lo lírico. Desde Bach, Haydn y Mozart, a Schönberg y Strawinsky. Desde Donizetti, Verdi, Puccini, Bizet, Debussy, a Moussorgsky, Wagner,

Strauss. Con ciclos íntegros de Beethoven, Brahms, Tschaikowsky... Es indudable que no todo pudo alcanzar paralelo acierto en sus versiones, pero el nivel medio es impresionante en lo que atañe al concepto y admirable en cuanto a la realización. ¿Es lógico reclamar más de quien tiene en su haber muchos, muchos centenares de obras?).

Pero, volvamos al trabajo en la Scala. Hay grabaciones que constituyen testimonio histórico de una calidad insuperada. En ellas se demuestra que Karajan, pese a lo que gratuitamente se ha dicho tantas veces, ni aplasta ni aprisiona las voces: las sirve, apoya, subraya sus frases; pone a sus arias, dúos y concertantes, las codas ideales, canta con ellas. Muchos artistas, entre los actuales nuestro José Carreras en cabeza, lo proclaman con fervor. De entonces, de esos ya lejanos períodos de unión a la Scala, parte el renovado amor a un repertorio que se había comenzado a desbrozar en los iniciales tiempos de Ulm. ¡Qué distintos el coro, la orquesta, el pequeño teatro mismo, del templo milanés de la lírica!

Otro recuerdo fundamental: cuando Walter Legge crea en Londres la magnífica Orquesta Philharmonia, la dirige Karajan seguro de encontrar en ella un instrumento de capacidad para el montaje, lectura, perfección reproductora de las obras, posiblemente insuperado a ese respecto, aunque sin ese «algo», esa alegría colaboradora en el trance de concierto y la desbordada entrega en él que sus «filarmónicos» le dieron. Y Viena, claro es. El maestro salzburgués, tan ligado siempre a la Sociedad de Amigos de la Música, tiene en estos otros «filarmónicos», en la «competencia» de los suyos, a quienes, en el fondo, también lo consideran como cosa propia. Los años trascendentes, como director artístico en la «Staatsoper» de la capital austríaca, en los que impone el empleo de la lengua original, los mejores «divos» y escenografías, en relación con la Scala, registran versiones memorables de óperas que sirven nuevas pruebas de su inmensa ductilidad. Habrá luchas, diferencias —¡qué difíciles son los vieneses con quienes rigen los destinos de su Ópera!—, apartamientos, retornos... Cualquier vuelta, es acontecimiento. Todo abandono, motivo de lamentación sincera para los más.

¿Cómo no había de llegar a las manos de Karajan, de quien se dijo, no sin la más firme base, que era, después de Mozart, el hijo más ilustre de la pequeña ciudad natal, el Festival de Salzburgo? Pero las cosas a medias nunca se hicieron para él. No basta que se le confíen conciertos u óperas. Habrá de formar en el Comité Rector y convertirse en «el hombre» decisivo, que hace, deshace, veta, elige, impone —claro es que selecciona para él las obras y actuaciones—, ...pero que trabaja con pasmosa incansabilidad y eficiencia no menos pasmosa, inconmovible a la marcha de las agujas del reloj; con todas las horas del día y la noche dedicadas al empeño, en el que une a la dirección musical la escénica, y a ésta los mil entresijos que pueden redundar en la expansión difusora, el logro de apoyos, subvenciones, patrocinios y concursos, que defiendan el presupuesto y la puesta en escena del propio nombre, para conseguir la colaboración de los artistas que interesen, a despecho de otros compromisos.

De ahí al nacimiento del Festival de Pascua, ciento por ciento suyo —que por ello mismo vive con máxima intensidad, en el que dirige incansable todas las representaciones de ópera y los conciertos, que establece como un regalo, garantía para Salzburgo del turismo que en esa época del año aún no tiene—, el trecho es corto.

En fin, los comienzos de la Orquesta de París son muy prometedores, como de gran formación sinfónica, y también el nombre de Karajan se ve ligado a sus etapas iniciales.

Con todo ello se justificaba —«se non é vero...»— la *boutade:* sale de una de sus actuaciones, se acomoda en el coche. «¿Adónde, maestro?», le pregunta el mecánico. «A cualquier parte. En todas me están esperando».

En todas partes le reclaman, ciertamente. Porque si no es el concierto, la gira de conciertos por cualquier lugar del mundo, en ese instante su centro musical, siempre le esperarán los técnicos responsables de las grabaciones discográficas, los filmes, vídeos, programas para televisión, que Karajan ha planeado con tiempo, acomodado el de todos al suyo, bien estudiados los detalles con dominio de experto. Lo es, lo ha sido Karajan, deseoso de aprovechar en forma debida las posibilidades que para la expansión y la pervivencia de un trabajo deparan, en ebullición y avance permanentes, las conquistas de sucesivas eras, sin solución de continuidad. De ahí que sus grabaciones y filmaciones se cuenten por centenares, que las haya repetidas de idénticas obras o ciclos; que lo grabado en discos de 78 revoluciones, en microsurco normal, en estereofonía, en compactos y las posibilidades de la cinta magnetofónica, se hermanen con los productos artísticos en los que imagen y sonido se unen; ya sea para series televisadas, ya para vídeos o filmaciones cinematográficas. Y que nadie sepa más que el propio Karajan sobre tomas ideales, emplazamientos de cámaras y micrófonos, número de unas y otros. También sobre los ensayos convenientes para la mejor realización, que pueden llegar a efectuarse con orquestas juveniles y fijar así lo deseable, en evitación del coste que el empleo previo de los profesionales de postín pudiese determinar.

Karajan, así como analiza trabajos de directores de escena con Gründgens, Max Reinhardt, Zeffirelli..., para después abordar él mismo tales empeños, se reúne muchas horas con Michel Glotz, colaborador en grabaciones «con su mismo oído», y con realizadores de filmes musicales; el primero en Viena con Henri Clouzot, mientras piensa bien lo que conviene en torno a «Telemondial», «Home video», aquellas empresas de las que es base, porque nacieron por y para mejor forja y expansión de sus propios productos artísticos.

¿Y cómo, en medio de tanta actividad, de tantas horas de estudio y análisis de partituras, de aproximación al arte y la historia, le quedaba tiempo aún para los suyos, su mujer, sus hijos, en Anif, cerca de Salzburgo, en St. Moritz, en Lucerna; para sus horas deportivas, pilotar su avioneta, la navegación, los coches de gran cilindrada, la naturaleza? ¿Y cómo es posible que en los últimos años, bastantes, muy mermadas sus facultades físicas, víctima de operaciones, atenazado por el dolor, en lucha con la enfermedad, visiblemente limitado al avanzar por la escena hasta el podio, en el que hubo de instalarse una apoyatura especial, se transfigurase al elevar los brazos y volviese a impresionarnos con la grandeza de su arte personalísimo?

Arte personalísimo. No faltaban las voces de los que censuraban la asepsia del maestro al dirigir en los conciertos. Asentaba sus pies en el podio, para no moverlos ya, ni el cuerpo. Un punto inclinada la cabeza, con ligeros movimientos a derecha o izquierda, pero de emplazamientos generalmente frontal, entornados los ojos, casi diríamos que con sensación de cerrados, todo el mando quedaba ceñido a los brazos, de enorme amplitud y flexibilidad, las muñecas, la pequeña batuta. Siempre, incluso en las últimas ocasiones, sorprendían el vigor, la fuerza del ataque, la contundencia con la que ordenaba los acordes. Nacían así, precisos, cortantes y de un poder arrollador. Pero, ¿dónde radicaba el secreto de la expresión, la anchura en el fraseo, la profundidad y densidad sonoras, la delicadeza en los matices y reguladores, el equilibrio? ¿Dónde la razón de esa entrega de sus filarmónicos, cuya cuerda ondulaba en una lección tan admirable que suponía un regalo añadido al verlos, junto con el de oír los resultados?

Karajan lo había conseguido todo en los ensayos. El trabajo base estaba hecho ya. Y no se trataba de hacer teatro ante el público, sino de ofrecerle un mensaje musical puro, aunque —él mismo lo manifestó alguna vez— «el director debe transmitir algo de magia». Creo que estamos ante la dualidad característica de Karajan. De una parte, el gran «divo», que, por exigencias y posiciones privilegiadas, podría merecer aquella etiqueta que acuñó un día Igor Strawinsky: «Director: gran tenor de la batuta». Karajan, despótico antes y después, poco amigo del trato social, nada conformista con los hábitos y convencionalismos, las relaciones públicas, las tiranías de entrevistas, reportajes, dimes y diretes, en el momento de hacer música se convertía, ni más ni menos, en un servidor de ella. Eran los demás quienes querían buscar *pose* en sus gestos, actitudes prefabricadas. Él, simplemente, se concentraba en el afán de que todo sonase en su punto y con el clima debido. Por eso, un pequeño ruido, una tos, cualquier movimiento no ortodoxo, podía determinar que cortase en seco la ejecución de lo indicado, para volver a empezar sólo cuando el silencio era absoluto.

Y era tal su capacidad de captación de los públicos, que espontáneamente le daban a él lo que otros no conseguían ni aun con el mayor esfuerzo. De él dimanaba una fuerza que envolvía por igual a los ejecutantes que presidía y a los destinatarios de su arte. «No he nacido para trabajar siguiendo la voluntad de otros. Me molesta que me contradigan». Esa misma seguridad en sí mismo podía constituir el talismán de su fuerza que, no se olvide, tenía fundamento real en el sólido conocimiento —«Siempre he tratado de incluir la música que estaba madura para mí»— y su entrega, mezcla de orgullo y de servidumbre («Soy propiedad del mundo»).

Es bien conocida la impuntualidad, la ejemplaridad discutible en lo que al silencio riguroso atañe, de nuestro público. Nadie habrá olvidado lo que fueron las visitas realizadas por Karajan con sus filarmónicos berlineses al Teatro Real donde, minutos antes de la hora anunciada para el comienzo, todos los aficionados ocupaban sus puestos. Y los tres conciertos del Festival de Granada. La subida morosa al Carlos V, el tradicional despacioso rito de acomodarse entre un interminable y grato intercambio de saludos cordiales, el hábito de fumar durante el concierto por tratarse de recinto no cerrado, tuvo espontánea rectificación esos días. Ningún público mejor, más respetuoso en el silencio, más caluroso en la recepción, más entusiasta en el premio.

Karajan, que sobrevoló Granada en su avioneta y no se mostró proclive a ningún género de entrevistas, refugiado en la poética prisión voluntaria del Parador de San Francisco, fue, como siempre, el director grave, concentrado, ajeno en el momento del concierto a cuanto no fuese hacer la mejor música de la mejor forma, y conseguir del instrumento prodigioso que manejaba la sonoridad única, redonda y llena, intensa y dulce, que a todos nos asombraba.

Había llegado un momento en el que para él ya no existían más que dos orquestas, las dos Filarmónicas más gloriosas, los conjuntos de Berlín y Viena. Y con estas ciudades, Salzburgo y la única escapada tradicional a Lucerna para uno, dos conciertos, a lo sumo, el 31 de agosto y el 1 de septiembre, fechas suyas, inamovibles. Tanto, que el año en el que se produjeron las primeras disensiones públicas con sus profesores berlineses, ante la disyuntiva del reemplazo, en la villa de los cuatro cantones la sustituida fue la Orquesta.

El conato de separación no prosperó. Eran muchos los lazos que unían a maestro y conjunto. Cierto que para uno de la talla del germano hubo de resultar irritante, a veces, la tiranía del calendario impuesto por aquél: prieto período de ensayos; conciertos y giras, según su conveniencia; que exigir la contratación de una solista para encabezar determinado bloque de la orquesta, en contra de la opinión mayoritaria de sus elementos, tenía que causar lógicas molestias, pero, ¿cómo podían olvidarse tantas y tantas jornadas triunfales a las que Karajan les condujo? Y, desde otro ángulo más materialista muy de tener en cuenta, ¿quién les garantizaría jamás tan pingües y continuados contratos en grabaciones de todo tipo?

Cuando, en marzo de 1989, se produjo la decisión irrevocable del maestro por la que cesaba en su titularidad y la ruta común por los cuatro caminos del arte cesaba, faltaban ya muy pocos meses para el fallecimiento del artista, como si la separación constituyese un golpe duro en demasía; irresistible para él.

Las conversaciones recogidas en cinta magnetofónica por Franz Endler, tan fiel transcriptor como fue en su día crítico nada incondicional de Karajan, no llegan hasta ese momento. Concluyen justo en abril de 1988, cuando el mundo conmemoró el ochenta aniversario del nacimiento de esta figura, sin duda «la primerísima figura» de la dirección de orquesta en el siglo XX.

Porque lo fue, porque es ya un capítulo esencial en la historia artística de la centuria, por lo sustancioso de esta aproximación de autenticidad incuestionable, saludamos como apasionante la publicación de este libro, que desde hoy enriquece la bibliografía musical disponible en España y será la mejor compañera de la ingente herencia discográfica de Herbert von Karajan.

ANTONIO FERNÁNDEZ-CID
De la Real Academia de Bellas Artes de San Fernando

prólogo

LA primera frase de las grabaciones magnetofónicas para este libro dice así: «No puedo escribir sobre mí; a lo sumo, narrar.» Cuando leí la transcripción completa de nuestras conversaciones caí en la cuenta de la gran distancia que existe entre un relato hablado y una biografía consignada por escrito. Algunas expresiones sugieren un sentido distinto al deseado. Otras representan tan sólo una aproximación.

Pero ¿no es una especie de interpretación todo intento de describir a una persona? ¿La interpretación de una persona? Probablemente, hay innumerables posibilidades de revivir una vivencia musical partiendo de unas notas escritas. ¿Quién puede ser tan pretencioso como para pensar que su obra tiene el carácter de definitiva? Tal obra dirá acerca de las notas escritas tanto como el hombre descrito, sobre el director o sobre la persona que opina sobre otro ser humano. Y cuando uno —como yo en esta ocasión— puede ayudar a otro a extraer unos conocimientos, entonces ese uno —en este caso yo— sale enriquecido.

introducción

EN el Festival de Salzburgo de 1987, Herbert von Karajan tuvo que preparar la gala inaugural en la Gran Casa con una orquesta distinta a la que dirigió en «su» Festival de Pascua. E inmediatamente después tuvo que responsabilizarse de una transmisión en directo de la televisión austriaca. No sólo se encargó de dirigir la orquesta, sino de toda la dirección. Debió reestudiar un gran concierto orquestal con obras de Richard Wagner. Además, dio dos conciertos con la Filarmónica de Berlín, invitada como de costumbre.

En su condición de miembro del comité de los festivales, tuvo que asistir a sesiones más frecuentes y comprometidas que en los años anteriores. Más de una «crisis aguda» salió a la luz pública. Además, el comité tuvo que reaccionar claramente frente a problemas surgidos de forma inesperada. Aunque no se escribió mucho al respecto, Herbert von Karajan vivió con intensidad su condición de miembro del comité en el Festival de Salzburgo de 1987. Se consideró obligado a asistir a los ensayos que realizaban sus colegas, como Georg Tabori o Leonard Bernstein.

Relacionada indirectamente con los festivales estuvo la inauguración de una obra que el consorcio Sony había construido en Anif, y que, con la intensa participación del Gobierno y de la iniciativa privada, estaba lista para iniciar su cometido. Herbert von Karajan, que tenía una vieja amistad con el presidente de Sony, fue considerado como la personalidad ideal para atraer la atención del mundo entero a Anif, en las proximidades de Salzburgo. Asistió a la inauguración, pronunció palabras amistosas e hizo cuanto pudo no para promocionarse a sí mismo, sino para que se incrementara el interés general por aquel nuevo lugar de trabajo.

¿Será necesario mencionar que la mayoría de los invitados que asistieron ese año a los festivales de verano de Salzburgo dio a entender que se sentiría encantada de mantener una conversación —aunque fuera breve— con Herbert von Karajan, y que el director no pudo negarse en redondo a tales deseos? ¿No era natural que él mantuviera conferencias con todo tipo de ejecutivos, directores artísticos, escenógrafos y también con directores de orquesta?

Herbert von Karajan preferiría correr un tupido velo sobre la intensísima actividad que desplegó durante casi seis semanas de verano.

Pero nuestro director de orquesta realizó toda aquella actividad bajo la mirada indiscreta e interesada de la opinión pública. Gran parte de los amantes de la música y casi todos los observadores profesionales deseaban ser informados sobre el estado de salud y la vitalidad de Karajan, e informaban sobre tales aspectos a sus lectores u oyentes. Mientras que se reprochó durante años a Karajan y se le calificó como más que un músico, tampoco en el verano de 1987 se le consideró, celebró o rechazó sólo como músico, sino que se le describió permanentemente de acuerdo con parámetros extraartísticos.

¿Por qué señalar todo esto?

Porque Herbert von Karajan, al que se debería dedicar más de una biografía y al que desagrada profundamente más de un intento de interpretación de sus biógrafos, llevó al colmo, en aquellos festivales de verano, lo que se comenta maliciosamente de él. Porque con su trabajo y trato diarios hizo que resaltara la mentira de muchas de las historietas tejidas sobre su persona. Y porque lo hizo todo sin romper el silencio. Ni siquiera se atrevió a apuntar que merecía un trato distinto de la opinión pública.

¿Un trato distinto?

Se le pretende dar en este libro, que puede ser una biografía pero que se ha convertido en una autobiografía. Un documento que recoge lo que el director piensa de su vida desde la atalaya de su octogésimo aniversario.

«En el fondo, sobre mi vida sólo puedo narrar», decía la primera frase de un amplio manuscrito en el que se transcriben las conversaciones mantenidas con él, y que fue sometido a su consideración.

«Desearía disponer otra vez de tiempo para escribir mi libro sobre muchas cuestiones generales del mundo de la música. Existen numerosas anotaciones al respecto, pero son incompletas, y me cuesta mucha fatiga darles la formulación definitiva. Si dispongo de tiempo, tendré que dedicar innumerables horas a tal libro. Pero jamás podré escribir una autobiografía propiamente dicha. Sólo puedo contarla.»

En esta línea, Herbert von Karajan hizo otro intento para responder —al menos en conversaciones— a todas las preguntas curiosas e indiscretas, así como para tomar postura sobre temas transversales para él; es decir, intentó una autobiografía. A tal proyecto dedicó, a lo largo de tres años, muchas sesiones, muchas conversaciones, ofreciendo puntos de vista completamente nuevos. Pero cuando le presentamos la transcripción de sus manifestaciones, se sintió descontento. «Ya sé que dije todo eso. Pero también soy consciente de que no habría escrito cuanto dije de palabra. Nos encontramos de nuevo frente al problema con el que me topé al principio. No puedo escribir sobre mi vida. Tampoco puedo narrar. Sólo soy capaz de ofrecer información.»

Las páginas que vienen a continuación son la reacción a la momentáneamente última toma de postura de Karajan sobre el tema autobiografía. Son una entrevista dilatadísima que él concedió a lo largo de más de tres años. Pero la responsabilidad de las preguntas y de los temas apenas tocados no recae exclusivamente sobre Herbert von Karajan, sino también en su interlocutor, quien se negó en redondo a que algunas preguntas afloraran a sus labios, y al que el propio Karajan anima ahora a considerar como parte de la entrevista no sólo las citas verbales tomadas de las conversaciones, sino también las observaciones consignadas al margen.

Además, me comprometí a dar a Herbert von Karajan la oportunidad de leer la totalidad del texto, para que él lo aprobara o rechazara. Lejos de mí publicar un libro sin su expreso consentimiento.

Lo que un tanto eufemísticamente se llama el mundo musical celebrará dentro de pocos meses el ochenta cumpleaños de Herbert von Karajan. Este libro, esta entrevista sobre su dilatada vida, pretende ser un regalo en tal efemérides. Si no me equivoco, será un regalo hecho por Herbert von Karajan.

1

infancia en Salzburgo

LOS partidarios de Herbert von Karajan no dispusieron nunca de excesiva información sobre la vida del director, del entorno de éste, de sus hábitos y costumbres. No hace tanto tiempo que aún podían recortar en las revistas fotos de Karajan en el yate o a los mandos de su avión privado, y, partiendo de aquellas fotos, transportar al mundo de la fantasía y del ensueño las restantes circunstancias de la vida del ídolo. Sin embargo, en los últimos años también esas fotos han desaparecido de las revistas ilustradas. Mas se puede ver todavía en público al director de orquesta y director artístico Herbert von Karajan. Este personaje, que tanto empeño ha puesto siempre por mantenerse en la sombra, ha hecho cuanto estaba en su mano para que el silencio tome mayor consistencia en torno a él, para que desaparezca toda nota de sensacionalismo.

Incluso en Salzburgo, ciudad que le vio nacer, donde dirigió su primer concierto de orquesta, donde recomenzó de cero su vida después de la segunda guerra mundial y en cuyos festivales fue la atracción suprema durante décadas, casi nadie sabe si Herbert von Karajan está o no en la ciudad mientras él trabaja allí afanosamente.

Al escuchar de nuevo las conversaciones con Herbert von Karajan, tengo la segura impresión —incluso después de haberle tratado durante más de dos años— de que no sólo está conforme con el silencio que envuelve a su vida privada, sino que se siente feliz por tal circunstancia. Es posible que haya mantenido lejos intencionadamente a los reporteros, y que supiera cuántas leyendas florecen cuando un director de orquesta de fama mundial no se abre a todo tipo de curiosidad. Seguro que se siente plenamente feliz en su ochenta cumpleaños si le dejan trabajar con plena concentración y no le molestan.

Donde Karajan vive y trabaja tienen que reinar el silencio y la tranquilidad. Están en torno a él todos los aparatos técnicos necesarios que utiliza para escuchar música, para dictar, para telefonear. Sobre el «estilo» de las dependencias en que trabaja no quiere informar ni que alguien informe. Cierra cuidadosamente las ventanas de su vida privada, para que no asomen por ellas los curiosos, ávidos de husmear. Le sabe muy mal que alguien desee escribir acerca las espartanas dependencias en que trabaja. Una sola palabra le basta para espantar cualquier intento de penetrar en su esfera privada. Siente la necesidad de que el silencio le rodee cuando trabaja, cuando se sienta delante de unos monitores, perfecciona filmes musicales o revisa volúmenes ya pulidos.

No lo ha dicho él, pero está completamente de acuerdo en que utiliza toda su energía para poder descargarla en el momento preciso. En esta línea, las frases en alta voz y los ampulosos gestos en la conversación son para él un despilfarro. Y evita intencionadamente todo encuentro que pueda exigirle mucha emoción. En el trabajo con sus más estrechos colaboradores es escueto y concentrado. Y es capaz de desconcertarlos con una ventolada de humor cáustico. En los encuentros con invitados que pueden resultarle útiles sabe hacer gala de la reservada cortesía de un señor seguro de sí mismo. Casi relajado aparece sólo en el trato con músicos y técnicos de toda clase. En tales momentos se sitúa en un nivel colegial, se permite recuerdos de otros tiempos y demuestra estar al tanto de las inquietudes profesionales del momento presente. En casos de necesidad, hace de viejo cascarrabias al que nadie es capaz de contentar. Pero adopta tal postura sólo cuando advierte la necesidad de una broma momentánea para relajar la tensión general en torno a un problema artístico.

Karajan sabe que la curiosidad del público afecta también a su vida familiar. Pero no siente la menor inclinación a satisfacer tal curiosidad. En las conversaciones mantenidas expresamente para un libro de corte autobiográfico no se habló sobre su familia mucho más de cuanto cabe en una cuartilla. Quizá habría sido posible arrancarle de cuando en cuando media frase; pero él, que tomaba postura abierta y clara en otros temas, cuando se tocaba algún tema relacionado con la familia, pasaba a hablar inmediatamente de Furtwängler, Max Reinhardt y de los festivales de Salzburgo.

Diversos autores han sostenido la tesis de que Herbert von Karajan, por su condición de personalidad que suscita el interés público, no tiene derecho a la discreción en el ámbito privado. Yo soy contrario a tal afirmación. Hay que cargar en mi cuenta el no haber intentado preguntarle sobre su familia ni «arrancarle primicias». Me parece descortés preguntar a una persona acerca de algo que ella quiere guardar en secreto. Y me resulta improcedente extraer conclusiones cuando el interesado guarda silencio.

Existen numerosas suposiciones acerca de por qué Herbert von Karajan nunca se ha extendido en narraciones detalladas sobre su niñez. Deseo consignar una que no se ha mencionado aún. Durante su carrera profesional, en numerosas ocasiones han preguntado al director por su casa paterna, por su origen, ascendientes, etc. Pero hace mucho que él olvidó todo eso y no se ocupa de ello. No es un hombre proclive a recuerdos sentimentales o a resentimientos. De ahí que sea muy parco en hablar de su familia y de su infancia.

En cuanto a su madre, él no acierta a explicarse todavía hoy por qué quiso que fuera empleado de banca. En las escuetas narraciones sobre la casa paterna, ella no suele aparecer. Todo hace pensar que Karajan sólo recuerda de su madre el absurdo deseo profesional que alimentaba para su hijo. Todavía hoy sacude su cabeza cuando recuerda, sin comprenderlo, tal deseo de su madre. En aquellos tiempos se esperaba de ella que cuidara de la casa y criara a los hijos. Y era natural que —en las postrimerías de la monarquía— no fuera la madre quien se ocupara de la educación de los hijos, sino el padre. Independientemente de cuanto sabemos hoy sobre la emancipación de la mujer hacia el año 1900, la provocadora palabreja no había saltado aún a la palestra. En casa de los Von Karajan el padre era quien tenía la voz de mando.

«En mi casa paterna experimenté por primera vez cómo se hace música. Ya en mi niñez tuve la oportunidad de vivir que se hace música de muy diversas maneras.»

Herbert von Karajan, sobre cuya secreta ambición de imitar a su hermano mayor, Wolfgang, en el estudio del piano se ha escrito mucho, recuerda —en su ancianidad más bien— haber cantado en un coro. «El canto coral me ha acompañado durante toda mi vida», dice, al tiempo que parece trazar un arco bajo el que se cobijan su participación en coros de iglesia de Salzburgo (de los que nada se ha sabido hasta ahora), sus primeros encuentros con coros profesionales en los festivales de Salzburgo, su actividad como coensayista en los pequeños teatros con los que estuvo comprometido, y el encuentro con la Singverein de la Sociedad de Amigos de la Música, que le eligió como su director artístico.

Su intento de interpretar su vida en una línea de continuidad tiene una plasmación sorprendentemente perfecta en el sector del canto coral. «Cuando, finalmente, pude disponer del Wiener Chor, supe que tenía en mis manos el instrumento ideal para mis ideas acerca de la sonoridad. Con la Singverein, que encarna una gloriosa tradición en la que se inserta la estancia de Brahms en la Viena del siglo XIX, no sólo estudié conciertos, sino que, con el paso de las décadas, conseguí un repertorio que renovamos y perfeccionamos en innumerables ensayos. En realidad, con la Singverein nunca se trabajaba para un concierto, sino que ensayábamos para conciertos venideros. Lógicamente, realizamos después muchos viajes juntos: no sólo hicimos grabaciones de las grandes obras corales para discos o filmes, sino que dimos conciertos en el mundo entero. En la actualidad, la Singverein es algo así como mi propia prolongación. Nos entendemos perfectamente en todo momento. Nunca discutimos. Sabemos que siempre haremos música juntos.»

Karajan mismo no alude a muchos acontecimientos que parecieron sacudir al mundo en otros tiempos. Pero confía en que tanto los miembros de ese coro como los amigos de la música en general recuerden que hubo un tiempo en el que los lazos de Karajan con Viena, la ciudad de la música, sufrieron grave quebranto, pero que se mantuvieron vivos algunos de los vínculos musicales. Sin interrupción alguna, hizo música permanentemente con los filarmónicos de Viena y con la Singverein de la Sociedad de Amigos de la Música. Ambas instituciones, a las que escuchó siendo niño y apreció de mayor, pueden gloriarse de la proverbial fidelidad de Karajan. No sería difícil documentar su pasión por el canto coral aduciendo producciones musicales de todo tipo.

Hasta la fecha se ha intentado eso en contadísimas ocasiones. El mismo Karajan lo ha mencionado por primera vez en fechas recientes. Al echar una mirada retrospectiva a su infancia y juventud, Karajan no considera importante su condición de niño prodigio. Recuerda, más bien, su participación en coros parroquiales. Piensa en el niño Herbert von Karajan que fue cantor.

Anotemos que la voz de Herbert von Karajan que resuena en los ensayos y a veces también en los conciertos no denota cualidades canoras. El director al que se considera como el que mejor sabe dar seguridad y ánimo a su cantores, y conoce todo acerca de las voces, tal vez desee cantar, pero no puede. Permite cantar, en la significación plural del término.

Su observación de haber experimentado ya en la casa paterna de cuántas formas se hace música, no incluye el canto coral. Su padre, médico jefe en el hospital comarcal, que era un apasionado de la música, solía actuar como clarinetista en la orquesta del Mozarteum y cuando ésta intervenía como orquesta del teatro regional de Salzburgo.

«Recuerdo no sólo la música doméstica en nuestra casa; también puedo recordar con todo detalle cómo sonaba la orquesta en mi niñez. Y sé que ningún amante actual de la música soportaría sus conciertos. Antes de un concierto se reunían los músicos, tocaban una sola vez, de cabo a rabo, las composiciones señaladas en el programa, y luego venía el concierto público.» Herbert von Karajan recuerda una frase que solían repetir los músicos de su infancia en Salzburgo: «Ya nos hemos cargado la pieza.»

Cuando él repite la frase y recuerda con qué frecuencia la ha escuchado en su vida, sacude su cabeza con una perceptible sensación de repugnancia. Y opina que los tiempos han cambiado desde entonces; que el nivel general de las orquesta ha mejorado de forma notable, pero que existe todavía algún que otro músico como los de su infancia. «En cuanto a la preparación para un concierto o para una representación operística, otros grandes *ensembles* de mi infancia no actuaban de forma muy distinta que los de Salzburgo. Lo sé porque estuve con la suficiente frecuencia en Viena, y escuché a los mejores músicos de entonces. Pero, en el fondo, todos los sonidos delataban una lamentable falta de ensayos. También los filarmónicos pronunciaban entonces la desafortunada frase tras tocar de principio a fin una obra casi desconocida.»

Con todo, los ensayos de los músicos y la pasión de los aficionados a la música hizo que Karajan pudiera escuchar, durante su infancia, un repertorio amplísimo en una pequeña ciudad como Salzburgo. «Todos los músicos de la ciudad frecuentaban nuestra casa. Mi padre me llevaba siempre a los conciertos. Recuerdo eso mucho mejor que mis primeros tiempos de estudiantes de piano. Fui eso que se suele denominar niño prodigio, pero nunca tuve interés en ser niño prodigio.»

Herbert von Karajan quita importancia a muchos testimonios

sobre sus actuaciones en Salzburgo. Quizá fue un niño prodigio y podría haberse convertido en un pianista de primera fila, pero no llegó a ser pianista. En consecuencia, los primeros intentos están prácticamente olvidados. Carecen de interés. En modo alguno se sintió ensombrecido por su hermano mayor, Wolfgang, que había comenzado a recibir clases de piano antes que él y que actuaría como organista durante toda su vida.

«Mi hermano era precisamente mi hermano mayor. Comenzó con la música antes que yo, y también me precedió en el campo de la técnica. A pesar de todo, ambos emprendimos caminos divergentes, y casi no tuvimos relaciones durante mucho tiempo.» Karajan no habla de su hermano, fallecido en 1987, sino que pasa de él al tema Bach, y habla con detalle y entusiasmo de Glenn Gould, cuyos ejercicios para el «Arte de la Fuga» considera modélicos, y cuya forma de vivir y de hacer música le fascinan.

«¡Qué pianista, qué musicazo fue Glenn Gould! Cuando se escuchan atentamente las grabaciones, se siente su manera de dar con el ritmo adecuado, su tratamiento del instrumento, sus conocimientos de la línea arquitectónica de Bach. Siempre entendí que rehuyera aparecer en público, que tuviera su propio estudio de grabación, que hiciera exactamente la música que él quería. Un pianista de sus cualidades necesitaba ese talante para sobrevivir. Con frecuencia pensé trabajar algún día con él. Su muerte fue una gran pérdida para el mundo entero.»

Karajan fue un niño salzburgués, pero con un abundante bagaje de experiencias musicales vividas en Viena.

«Mi tío era el director técnico del Teatro Federal. Por consiguiente, era el responsable de todos los edificios. Para nosotros, significaba que podíamos utilizar su plaza oficial en la Ópera siempre que quisiéramos. Y solíamos aprovechar tal oportunidad siempre que íbamos a Viena, evento que sucedía con suma frecuencia. Crecí en una ciudad pequeña, pero ya entonces supe con toda exactitud la música que se hacía en la Ópera de Viena y en la Musikverein. Y no necesité mucho tiempo para llegar a la conclusión de que Viena era la Meca para nosotros, los músicos; pero que no todas las tardes se escuchaban conciertos o representaciones operísticas sublimes.»

Karajan, al que no interesa excesivamente la historia de la música, está convencido de que, en general, los intérpretes musicales del siglo XIX no tomaban suficientemente en serio su cometido. Naturalmente, está siempre dispuesto a admitir honrosas excepciones. También admite que la precisión comenzó a ponerse de moda bien entrado ya el siglo XX. Vivió en Salzburgo y participó en los primeros festivales, de niño y de mayor. Y estuvo presente cuando aparecieron por Salzburgo los primeros fanáticos de los ensayos. El director Max Reinhardt y, algo más tarde, Arturo Toscanini. Su juvenil participación en los festivales le permitió integrarse en ellos hasta el punto de conocer con detalle su organización. Tiene, pues, conocimientos suficientes cuando afirma que, en el fondo, ha habido pocos cambios en los últimos cincuenta o sesenta años.

«Participé desde el principio en los festivales. Actué en el coro de niños; posteriormente, en las comparsas; más tarde, como estudiante de música que da las entradas al coro, desde detrás del escenario. Y eso significa que supe desde mi más tierna infancia lo que quiere decir realmente calidad musical». Y añade casi sin solución de continuidad: «Los festivales de Salzburgo estaban dominados ya entonces por una o dos personalidades. Se ha contado muchas veces que Arturo Toscanini se ponía como una fiera si se enteraba de que también querían invitar a Furtwängler. Se decía que Toscanini consideraba los festivales de Salzburgo como algo de su propiedad. Y que dictaba qué óperas deseaba dirigir. No había la más mínima discusión al respecto. Se hacía el programa incluyendo las óperas señaladas por él, en las fechas que él quería. Pero, en el fondo, tampoco Bruno Walter actuaba de distinta manera. Venía y declaraba, con su peculiar estilo conciliador, que interpretaría *Oberon* tanto si daban su consentimiento en Salzburgo como si no. Y, naturalmente, también había que permitirle a él hacer su voluntad, y determinar las representaciones indicadas por él con tono suave pero inflexible. En mi juventud se discutió poco sobre esos aspectos. Casi no se hablaba ni escribía sobre estos temas. Se consideraba como algo absolutamente natural hacer los festivales como los deseaban Reinhardt, Walter o Toscanini. Y todo el mundo se sentía feliz si podía asistir a sus representaciones. Yo estaba encantado de poder asistir a todos los ensayos y aprender de memoria algunas óperas.»

El sentido de los festivales de Salzburgo, sobre los que todavía hoy se escriben artículos editoriales, ha cambiado bien poco. Hay que prestar atención a las mutaciones que Salzburgo ha experimentado gracias a la institución de los festivales, y que, tanto hoy como entonces, han merecido comentarios no siempre positivos. Los festivales como factor económico, como paradigma y señuelo para el turismo, como hito en el empeño de presentar a la nación austriaca como la tierra de la música, es algo que conoció ya el niño Karajan. Desde su ancianidad, piensa éste que los festivales tienen hoy el mismo sentido. Así definiría también su sentido para el futuro, a pesar de algunas observaciones, a veces humorísticas, sobre Salzburgo.

La existencia de los festivales, la revalorización de la música en la pequeña ciudad, la consustancial afición por la música en la casa paterna permiten entender mejor por qué el joven Herbert von Karajan deseó ser músico, pianista.

«Mi padre decía: "Sé que estás muy dotado para la música. Pero, al menos, deberías intentar una profesión práctica." Así me hablaba él, y su planteamiento parecía entonces sensato. Yo estaba habituado a escuchar a mi padre, y fui a Viena para estudiar una carrera técnica. Aquello fue para mí una especie de intento de satisfacer a mi padre. Pero llegué a interesarme profundamente por todo tipo de técnica, y jamás he perdido tal interés. La fascinación que me producía una nueva construcción, una nueva y acertada solución técnica, no se ha extinguido en mí. Aunque deserté muy pronto del estudio de aquella carrera, he seguido siendo un técnico, a mi modo. He intentado siempre estar informado de los nuevos descubrimientos e ideas. Y continúo suscrito a muchas revistas especializadas.»

El mundo sabe bien que Herbert von Karajan ha manifestado sin ambajes su interés por el progreso técnico. Y el mundo de la música sabe con qué frecuencia se ha valorado negativamente tal interés. La imagen del músico que, lejos de todo aparato e instrumentos técnicos, entabla una conversación con el compositor, es popular pero más estúpida que la visión de un intérprete que se asegura no sólo los instrumentos más modernos, sino también los mejores apoyos técnicos para realizar su modo de entender la música.

Los biógrafos que se han afanado en rebuscar en los archivos universitarios para determinar cuántos semestres estudió técnica en Viena no han llegado a encontrar la respuesta. El director de orquesta tampoco se ha mostrado muy comunicativo al respecto. En todas las conversaciones da a entender su total falta de interés en aportar fechas o documentos. Y la dama, mencionada por él de pasada, que ha reunido un archivo sobre Herbert von Karajan tampoco aporta datos concluyentes. Tampoco ella cuenta con el apoyo incondicional del maestro, quien, según la opinión general, se esfuerza diariamente en apuntalar su «leyenda». Pero, en realidad, él no la fomenta. Sí es cierto que hace bien poco para desbaratarla.

Mientras que otros desearían ocuparse de esposas preocupadas, hacer estadísticas de los seguidores que permanecen fieles o coleccionar críticas escritas o habladas, Karajan no demuestra el más mínimo interés por esas cuestiones. No retiene en su cabeza ni una sola fecha descollante, no sabe con exactitud cuánto tiempo colaboró con una orquesta o con una institución cimera. Y jamás sería capaz de celebrar todos los jubileos que, como es natural, se amontonan en su ancianidad. Sí se siente orgulloso de no haber incumplido —según las estadísticas— más de un uno por ciento de sus compromisos. Cuando se trata de otras fechas, las orquestas u otras asociaciones tienen que acudir a sus archivos e indicar al señor Von Karajan la inminencia de un jubileo. Pero el hecho de recordárselo no es sinónimo de haber conseguido su colaboración.

«Durante mi estancia en Viena no me aparté de la música. Comencé la carrera de piano. Estudié con Josef Hoffmann, y tenía todas las cualidades necesarias para llegar a ser un pianista de primera línea. Pero padecí entonces una grave neuritis: tuve dificultades con los tendones situados entre los dedos índice y corazón. Y realicé los intentos más descabellados para curarlos. En el fondo, prefería arruinar mis manos a claudicar. Sencillamente, me negaba a tener en cuenta mi enfermedad.» Sus profesores le indicaron un camino para salir de la crisis. ¿Qué profesores? Hay una carta en la que Herbert von Karajan, muchos años después, agradece expresamente a Bernhard Paumgartner por haberle sugerido la dirección de orquesta. Pero según las notas de mi prolongadísima conversación con Karajan, grabada en cinta magnetofónica, no fue Paumgartner, sino su profesor vienés, quien le aconsejó iniciar los estudios de dirección de orquesta. A modo de excepción, me permitiría apuntar una opción expresa entre ambas versiones: tras varias conversaciones con el viejo profesor salzburgués y amigo de la familia, Bernhard Paumgartner, y por la sugerencia de su profesor de Viena, al que Karajan consideró siempre como un buen pedagogo, Karajan mismo tomó la decisión de emprender la carrera de director de orquesta. ¿Razones? «¿Qué pretende usted realmente del piano? Estoy convencido de que la música de cámara no puede darle a usted tanto como una orquesta.» El contexto permite concluir que él personalmente se predijo su futuro.

«Así que pasé a las clases de dirección de orquesta de la Academia Vienesa. A decir verdad, ya no estaba en Viena Clemens Krauss. No habían encontrado a un director de orquesta que le sucediera, e impartía las clases Alexander Wunderer. Era de la Filarmónica de Viena, un músico excelente que llegó a formar parte del comité de la orquesta. Naturalmente, como profesor no podía hacer mucho más que comunicar lo que se denomina el equipaje técnico. Es decir, que aprendí mi oficio como mis coetáneos: por mis propios medios.» ¿Propios medios?

«Formábamos una especie de club. Íbamos constantemente a la Ópera, ocupábamos un lugar sin asiento y observábamos a los directores. En casa de un colega cuyos padres eran económicamente pudientes y tenían dos pianos repasábamos el repertorio que se representaba en la Ópera. Dos de nosotros tocaban los pianos, uno cantaba los solos, otro hacía de coro, y el quinto dirigía. Y cuando habíamos estudiado así la ópera completa, escuchábamos de nuevo la representación, nos sentábamos después alrededor de unas jarras de cerveza y denostábamos al unísono la escasa calidad de lo escuchado.» Resulta difícil concebir todo esto hoy, cuando los directores son mucho más cualificados. Pero debió de ser entonces así, pues Karajan no para de hablar cuando toca esa especie de autoformación, cuando se refiere a las tardes pasadas al piano, a las noches en la galería del Teatro de la Ópera, y a las acaloradas discusiones hasta bien entrada la noche. «Sigo convencido de que éste es el mejor método para adentrarse en el mundo de la música. Y sé que aprendimos entonces algo que nadie podrá quitarnos jamás. Hoy no se estila ya tal método de formación. Las carreras de los jóvenes directores siguen otras pautas. La necesidad les empuja casi a trabajar más de prisa, más superficialmente.»

Si escuchamos atentamente, observaremos que Karajan no culpa de tal situación a los músicos jóvenes. Se limita a constatar las circunstancias imperantes en nuestros días, y afirma que hoy es imposible un proceso de aprendizaje similar al que él siguió.

¿Tiene discípulos Herbert von Karajan? En el sentido estricto del término, la respuesta debería ser negativa, pues, salvo algunos cursos, jamás ha impatido «clases». Pero él opina que hay discípulos suyos. Están, por un lado, muchos de los directores que se van abriendo camino y a los que dedicó muchas horas de conversación al comienzo de sus carreras, para ayudarles a resolver las dificultades que pudiera plantearles una partitura, o para darles consejos. Están, además, maestros que han alcanzado ya un reconocimiento internacional, como Seji Ozawa, a los que considera discípulos suyos porque les permitió asistir durante meses a sus propios ensayos. «Les repetí una y otra vez: no puedo enseñarles cómo se dirige. Sólo puedo mostrarles cómo se ensaya con una orquesta. De forma que después, en el concierto, apenas hay necesidad de dirigir.» Por consiguiente, muchos directores pueden considerarse discípulos de Karajan, y admitir que los clasifiquen como discípulos de Karajan.

Culpa a los tiempos y a muchas instituciones. Y cita a sir Thomas Beecham, que le dijo en cierta ocasión: «Hasta el más estúpido es capaz de dirigir cuatro programas.» Y no soporta que alguien pueda viajar por el mundo con un «*repertoire* muy exiguo». Recuerda su estancia en Nueva York, y que un joven director —en el «Met»— no pudo disimular que dirigía por primera vez una obra. Como Karajan preguntara si tal cosa era posible, Rudolf Bing, *manager* general a la sazón, le respondió: «En algún lugar tiene que aprenderla.»

Con todo, Karajan es un pragmático, no un agorero de turbulentas calamidades. Hay jóvenes directores —y él mismo encuentra alguno que otro— a los que reconoce grandes cualidades.

«Cuando, durante mis años de estudio en Viena, tuve que hacer mi primera aparición pública en un concierto de la Academia, supe exactamente lo que quería. El programa se componía principalmente de arias y dúos, y teníamos que limitarnos a acompañar. Me empeñé cuanto pude en dirigir la única obra que estaba dedicada realmente a la orquesta: la obertura del *Guillermo Tell*, de Rossini. Los ensayos tuvieron lugar en presencia del claustro de profesores. Franz Schmidt era el rector y ocupaba la presidencia. Los colegas que me precedieron buscaron efectos atronadores. Yo, por el contrario, trabajé con la orquesta. Sólo se esperaba que dirigiéramos de cabo a rabo la obertura. Pero yo dije entonces: "¡Por favor, cada trompeta por separado!" y "No, lo que ustedes tocan carece de ritmo". Así trabajé aproximadamente durante diez minutos en la primera intervención importante de las trompetas. Entonces, Franz Schmidt se puso en pie y terminó el examen. "Señores, creo que ya hemos visto bastante", dijo a los profesores.» Y Karajan encontró —según sus propias palabras de hoy— el estilo con el que fascinó durante su vida a los músicos inteligentes y convenció a observadores avispados. «En el concierto propiamente dicho dirigí tranquilo y relajado. Ya habíamos ensayado.»

Nada más cuenta Herbert von Karajan de sus primeros tiempos de estudio en Viena. Eso significa que estaba fascinado por Viena, la ciudad de la música, y por los músicos que escuchó en su juventud. Naturalmente, recuerda la actuación de importantes pianistas. Y cuando hace uso de la rara oportunidad de pensar en voz alta sobre el estado de un teatro lírico, entonces deja entrever que recuerda

Vista de Salzburgo, la ciudad natal de Karajan.
(Foto Archivo Espasa-Calpe)

perfectamente detalles de su juventud. «No hay que olvidar cómo fueron realmente los tiempos dorados de Viena. Estaban los nombres conocidos todavía hoy, pero gustaban de negarse ocasionalmente. Entonces llamaba a las puertas del teatro alguno de los tenores de casa, al que nombraba como sustituto en la escena. Ya sé que, todavía hoy, se habla con admiración de Slezak, Piccaver y Schmedes. Pero en la mayoría de las funciones cantaba Josef Kahlenberg. Y muy bien, por cierto.» Recuerdos parecidos acuden a los labios de Karajan cuando se permite la licencia de referirse a la situación que reinó entre las dos guerras mundiales en la Sociedad de Amigos de la Música. «Para nosotros, la sala mayor era la de de los dioses. Cuando fui a Viena, pensé que escucharía sólo buenísimos conciertos. Pero escuché los suficientes para darme cuenta de que la Filarmónica de Viena también daba algún que otro concierto flojo. No podía ser de otra manera. Ni en el concierto ni en la ópera es posible ni deseable trazar una serie ininterrumpida de eximias prestaciones. A la larga, resultaría inaguantable para el público.»

De Viena, Herbert von Karajan no recuerda eventos no relacionados con el estudio de la música o con la asistencia a representaciones operísticas y a conciertos. Hace gala de su inaudita memoria, que selecciona y echa en seguida «a la papelera» lo que no sirve. Y documenta su voluntad de no cambiar nada, aunque una posible innovación resultara positiva para su *image*.

Sus ancestros hicieron carrera en la Viena imperial, y fueron recompensados por sus méritos y prestaciones personales. Herbert von Karajan jamás habla de ellos. No colecciona objetos de recuerdo ni cuadros. Prefiere que los adquiridos por sus *fans* para él cuelguen de las paredes de la sede de la Sociedad de Amigos de la Música. Durante la conversación es importante su tío porque le garantizaba un asiento en la Ópera. Cuando las preguntas se tornan insistentes, recuerda que su madre quiso hacerle empleado de banca y su padre deseó para él una profesión civil. De su hermano, que también estudió en Viena, se separó casi fríamente durante los años de estudio en la capital del Imperio austro-húngaro. Su meta era la música.

«Después de mis estudios quise saberlo con mayor precisión. Deseé comprobar si era capaz de dirigir un concierto con una orquesta profesional. Aunque sabía con toda certeza que no podía comenzar carrera alguna en mi ciudad natal, alquilé por una tarde la orquesta Mozarteum. Mi padre y todos los amigos de la familia se multiplicaron para hacer publicidad del concierto. Yo gozaba de cierto prestigio como ex niño prodigio. Pero eso y las buenas críticas que recibí durante mi niñez no habrían bastado. Salzburgo era, salvo durante los festivales de verano, una ciudad pequeña y tranquila.» Se celebró el concierto en enero del 1929. Compusieron el programa la *Quinta Sinfonía* de Peter I. Tchaikovski, el *Concierto para piano KV 488,* de Mozart, y *Don Juan*, de Richard Strauss.

De este primer concierto y de otros acontecimientos posteriores habla Herbert von Karajan con mucho cariño. Y los presenta como si de batallas ganadas se tratara. Y de las discusiones en torno a estos conciertos y representaciones operísticas habla como si hubieran discurrido de acuerdo con un único esquema. Siempre con mucha suerte, siempre con una gran dosis de afán de riesgo, siempre con turbadoras vacilaciones durante el curso del evento.

«El concierto fue todo un éxito. Tuve buenas críticas. Pero lo verdaderamente importante fue la presencia del director del teato lírico de la ciudad de Ulm, quien me invitó después del concierto a que fuera a su casa para dirigir un ensayo. Le dije que su propuesta carecía de sentido. Que estaba dispuesto a ir inmediatamente si me ofrecía la oportunidad de reestudiar una obra. Y que, pasada una semana, podría decirme si yo le convencía. Que si me rechazaba, me volvería a mi casa sin queja alguna. Pero que deseaba trabajar personalmente la obra que debiera dirigir.»

2

juventud en Ulm

PRÁCTICAMENTE, Herbert von Karajan debutó en Ulm pocas semanas después de su concierto en Salzburgo y de haber mantenido la conversación con su primer intendente. El 2 de marzo de 1929, tras un adecuado tiempo de ensayo, dirigió *Las bodas de Fígaro*, y, como reacción a este trabajo operístico, el primero de su vida, obtuvo un contrato para la temporada 1929-30. Fue director de orquesta de la ópera, y debió compartir el trabajo con un colega. Se encontraba en una ciudad provinciana.

«En la actualidad es imposible imaginar lo pequeño y primitivo que era nuestro teatro. El escenario tenía una anchura de seis metros. Su superficie total no era mayor que la de una respetable sala de estar. El coro era reducido. La orquesta constaba de ventitrés músicos, y sólo aumentaba en casos excepcionales. No se podía tocar durante largo tiempo el repertorio. Teníamos que presentar un estreno tras otro.» Cuando Karajan habla —en las proximidades del gran teatro de los festivales— de las condiciones en las que tuvo que desempeñar su primer contrato, no resuena una nostalgia hipócrita. Pero tampoco hay sentimientos desabridos frente a un modo de hacer teatro que le resultó siempre extraño. Karajan se limita a constatar lo que había en 1929, y las condiciones en las que tuvo que hacer música y aprender durante muchos años.

«Jamás he tenido tiempo para devanarme los sesos. El trabajo en Ulm no se circunscribía a dirigir representaciones. Como coensayista, había que trabajar las partes nuevas con cantantes no consagrados, tener los ensayos del coro, preparar los estrenos, que se sucedían con excesiva celeridad. Durante los intervalos entre dos representaciones, el *ensemble* llevaba operetas a las localidades vecinas. La excesivamente reducida orquesta, en la que el piano completaba los instrumentos de los que no se disponía, era flojísima. Habría sido un suplicio para mí tener que interpretar con aquella orquesta una partitura exigente. Sólo que no tenía tiempo entonces para pensar en ningún tipo de tormento. Encontré la manera de mantenerme en forma artística. Siempre tenía en mi cabeza cómo debía sonar la música. Y procuraba olvidarme cuanto antes de lo que producíamos allí. No cesaba de repetirme en aquellos días: aprende, aprende, y no digas ni un palabra de lo que ves u oyes. Ten la boca bien cerrada, trabaja y aprende. Pienso que es la única actitud correcta y la única posibilidad de aprender a dominar verdaderamente el oficio. Cuando mi hija fue al teatro hace algún tiempo y luchaba con papeles de segundo orden y con todas las dificultades que encuentran los principiantes, le di el mismo consejo que me había repetido a mí mismo sesenta años antes: mantén la boca cerrada, trabaja y aprende.

»En Ulm trabajábamos dos directores de música. Mi colega se llamaba Otto Schulmann. Su padre era propietario de un pequeño banco privado en Munich. Naturalmente, cada director de música dirigía los ensayos de las obras que él iba a representar; y las consiguientes funciones públicas. Pero podíamos ponernos de acuerdo, y el intendente, que captaba nuestro deseo, no solía poner dificultades. A veces enfermaba uno de los dos directores de teatro, y su colega podía hacerse cargo de una ópera que no estaba aún en su repertorio. Así conseguí hacerme con un repertorio de unas cuarenta óperas durante mi trabajo en Ulm. Todavía hoy sería capaz de dirigirlas con un solo día de preparación. Y ese número es todavía hoy el repertorio básico del que vive la ópera. Naturalmente, también se representaron en Ulm obras que ya no se tocan. Y, por supuesto, la gente se permite hoy otras rarezas en la programación. Pero si dejamos a un lado esas rarezas y nos preguntamos por el cuerpo de la programación, entonces y ahora, de un teatro de ópera, tendremos que convenir en que no pasan de treinta o cuarenta los títulos que se representan en todos los escenarios.»

El mundo de la ópera, en el que Herbert von Karajan es considerado como un mago, un imán y el profesional de más alto rango, no se compone generalmente de eruditos. Y no se preocupa por el número de obras compuestas y representadas en una sola ocasión. Tampoco suele discutir sobre el reducido número de las obras verdaderamente populares. Tampoco Herbert von Karajan, tras una dilatada y exitosa vida con la ópera, está dispuesto a perderse en disquisiciones teóricas. Es un pragmático que comprueba lo que la realidad muestra: un género artístico que, en determinadas circunstancias, maravilla al mundo, y cuyo atractivo no se basa en los miles de obras compuestas, sino en las cuarenta obras conocidas. Él se las sabe de memoria, y opina que, si fuera necesario, estaría en condiciones de dirigirlas hoy mismo. Porque las repitió, ensayó y dirigió durante ocho duros años vividos en una provincia, al comienzo de su carrera profesional. En las condiciones más precarias que podamos imaginar.

Y en una época en que la política era un componente esencial de la vida. Todavía hoy llueven algunos ataques sobre Karajan, pero ya no se niega a tratar este tema. A su modo, y tal como él lo recuerda, en contra de determinados documentos: «Unos de mis colegas en la dirección teatral era judío. Y entusiasta defensor del nacionalsocialismo. Nos entendimos magníficamente, trabajamos en armonía, y teníamos tiempo para charlar también sobre política. Me asombraba su enorme interés por aquel movimiento político, y su apasionada entrega a algo que no tendría por qué haber sido su bandera. Recuerdo con toda nitidez cómo, inmediatamente después de darse a conocer el resultado de las elecciones, vino a verme y me dijo: ''Hemos ganado. Tengo que despedirme de usted porque ya no tengo nada que hacer en Alemania.'' Como animal político, él estaba satisfecho con el resultado. Se sentía orgulloso de haber acertado en el pronóstico; y de que incluso había dado en la diana en cuanto a la lista de ministros. Pero comprendió con igual clarividencia que debía marchar de su amada Alemania. Nunca llegamos a perdernos de vista por completo. Todavía hoy mantengo correspondencia epistolar con él. Vive en Los Ángeles.»

Karajan no habla más sobre las condiciones en que trabajó y vivió durante casi ocho años en Ulm. Menciona esporádicamente que, por ejemplo, el trabajo de maestro concertador con cantantes de segunda fila le capacitó para reaccionar, incluso hoy, a las posibles dificultades que puedan encontrar cantantes de primera fila. A veces, hace una demostración de su forma de trabajar, no en el Ulm de 1930, sino en el Salzburgo de 1986. Tras dos concienzudas pruebas de iluminación para el *Don Carlos*, se cierra en su dependencia del gran teatro del festival, durante más de dos horas, con la joven soprano italiana Fiamma Izzo d'Amico. Una y otra vez repasa con ella el papel de Isabel, entonca las palabras clave del *partenaire*; no se limita a señalarle las entradas, sino que procura transmitirle la sensación de que también ella está en condiciones de solventar las dificultades. Se lo repite una y mil veces; en italiano, en inglés, en alemán: «Usted no tiene que demostrar a nadie que tiene una gran voz. Tiene que mostrarme a mí que puede cantar un sonoro *pianissimo* en las notas agudas. Tocaremos lo suficientemente suave como para sostenerla. El *pianissimo* es difícil. Ahora bien: si usted no es capaz de conseguirlo, tendré que decir que es una de tantas sopranos de Italia.»

Es lamentable, pero no es posible cambiarlo. En el espartano y reducido cuarto de trabajo en el que no hay espacio para pomposidades, sino para un piano y algunas sillas, no se ha podido comprobar la enorme intensidad que Herbert von Karajan es capaz de desplegar en su trabajo con sus cantantes. Existen grabaciones magnetofónicas privadas. Naturalmente, se toman para poder continuar el trabajo. Y es posible que sus señorías los intérpretes las exhiban como documentos privados. Pero la estridente voz Karajan cuando cuenta parte de una ópera, cuando hace de Posa, de Carlos o del rey y simultáneamente, casi simultáneamente, anima a su Isabel a repetir una vez más, a dar con el *pianissimo* perfecto, esa voz no ha sido grabada para sus admiradores. Pertenece única y exclusivamente a los cantantes y músicos que trabajan con él. Para ellos es una competente y fascinante ayuda. Sólo para ellos.

Y se presenta otra nueva oportunidad de traer a colación la estancia de Herbert von Karajan en Ulm. Ha hecho las grabaciones magnetofónicas necesarias para el concierto de Año Nuevo de 1987, y ha pedido una cinta para escucharla. Y ¡he aquí! que detecta una ligera desviación respecto de Johann Strauss. Y el director de orquesta se siente más contrariado que nunca. Insiste en que debería haberlo percibido; en que no debería haberse pasado por alto tal fallo. Y menos para él, que se entendía inmediatamente, ya en el primer ensayo, con Johann Strauss y con los filarmónicos vieneses.

«No sabría qué contar de mi relación con esa música. Todos nosotros hemos crecido con Johann Strauss. Y prácticamente no existe discusión alguna sobre *tempi* u otras cuestiones musicales. En cuanto a la opereta, también me marcó nuestra forma de interpretarla en Ulm. Aquellos años fueron una escuela para toda la vida. Allí, la improvisación era prácticamente imposible. Tal vez resulta ya inconcebible nuestra manera de representar una ópera. Pero los aún existentes teatros para la representación de operetas dan pie para imaginar cómo nos las arreglábamos para poner en escena una opereta.»

Ni siquiera los biógrafos más celosos han encontrado aún documentación alguna sobre la primera actuación pública de Herbert von Karajan como director musical de una opereta. Algunos llegan a dudar que él hiciera pequeñas excursiones por la provincia con el *ensemble* de Ulm. No comparto tales dudas. Resulta casi inconcebible que un director musical contratado en Ulm incumpliera su compromiso. Y que Herbert von Karajan sabe de lo que habla cuando narra tan gráficamente sobre la praxis de tales representaciones líricas también está fuera de toda duda.

Herbert von Karajan me encomendó expresamente que pintara los puntos del retrato que él deja en blanco. Eso quiere decir que animó a un periodista a convertirse en espejo de Karajan y a reproducir —para una opinión pública interesada por la música y los festivales— las impresiones del maestro, partiendo de muchísimas, dificilísimas y muy emotivas conversaciones.

Conozco a Herbert von Karajan —si se me permite utilizar el verbo conocer— desde mi infancia. Entonces le vi en ensayos y conciertos en la Musikverein, y caí en la cuenta de que era un músico reñido con los compromisos, y que exigía a sus músicos grandes dosis de concentración durante períodos terriblemente prolongados. Pero jamás, jamás, dice una palabra más alta que otra o fulmina con un insulto.

Años más tarde, en lo que se ha dado en llamar el culmen de su poder, tuve la oportunidad de observarle más de cerca. Él era el director artístico de la Ópera Nacional de Viena. También eso. Frente a la opinión pública, y también frente a los críticos, mostraba una cortesía ácida y se mantenía a cierta distancia. Pero no pudo impedir que se percibieran sus dificultades para entablar contactos humanos con sus colaboradores más estrechos. Sin duda, se le interpretó equivocadamente al atribuirle la intención de querer elevarse al olimpo solitario. Porque en los días y meses en los que parecía situarse por encima de todas las cosas y se resistía a descender del nimbo para negociar con instancias subordinadas o con ministerios, fue, sin embargo, extraordinariamente humano y normal en el trato con músicos, tramoyistas y otros inteligentes expertos de su Teatro de la Ópera.

Y cuando, finalmente, utilizó llamativas observaciones para reducir a un mínimo casi imperceptible sus relaciones con la Viena musical y sólo dijo algunas palabras en la sala de huéspedes especiales del aeropuerto de Viena, entonces dio de nuevo la impresión de estar mudo para la opinión pública. Sin embargo, se convirtió de repente en un locuaz interlocutor de muchos periodistas. Y parloteó sobre los nocivos efectos secundarios de una determinada marca de cigarrillos, y se informó de los conciertos más recientes de Viena. Recuerdo, sobre todo, aquella conversación porque se le habló en esa oportunidad de los primeros éxitos de Claudio Abbado, y se puso así la primera piedra para una invitación a Salzburgo. No hace falta recordar que ahora, décadas después de aquella ocasión, Abbado comparte con Karajan la dirección de la Ópera Nacional de Viena.

Varias décadas han pasado desde entonces. Herbert von Karajan ha realizado sus ideas sobre la perfección en sus festivales de Pascua; no sólo revisó sus opiniones sobre la posible financiación privada de un festival, sino que se ha acomodado a las circunstancias. Sobre todo, ha sufrido algunas graves operaciones que le han convertido de hecho en un minusválido. Karajan ha procurado hablar lo menos posible de todo esto, como si quisiera engañar o engañarse. Mandó que le instalaran una apoyatura en el podio cuando le resultó imposible aguantar erguido todo un concierto. Ha tenido que renunciar a casi todos los deportes que tanto amó, y concentrar aún más sus energías en producciones que desea dejar tras sí, como guinda de toda una vida de trabajo.

En numerosas ocasiones ha intentado comunicar de palabra sus ideas a algunos escritores, exponer su visión actual del pasado y del presente. Si se me permite un interpretación, él ha buscado casi siempre personalidades familiarizadas con el mundo de la música, no vieneses sin más. Casi siempre ha tenido dificultades para decir veladamente lo que entiende inmediatamente un vienés enamorado de la música durante muchos años. Se interpretaron mal sus escaseces y no se respetó su deseo de dejar a un lado determinados temas o de tratarlos desde su personalísimo punto de vista. Quizá sorprenda que, tras repetidos desengaños, escogiera como interlocutor a alguien al que la opinión pública calificó durante muchos años como su «adversario». Pero lo hizo. Y las declaraciones que Karajan desgranó para el magnetofón son verdaderamente suyas, aunque hayan sufrido necesarios y ligerísimos retoques para aligerar su lectura. Y esas declaraciones delatan lo que él quiso decir. Al cumplir sus ochenta años lo repitió de forma directa e inequívoca. Cuando aparenta no haber oído una pregunta es que no ha querido escucharla. Cuando, una y otra vez, arrincona en seguida los recuerdos de su larga vida y pasa a hablar de su trabajo actual y de sus planes, no denota impaciencia. Simplemente, está en lo suyo.

¿Jovial, alegre, chistoso? Herbert von Karajan no da la impresión de poseer en alto grado esas características. Con todo, le vienen a la memoria, como a cualquier otro músico austriaco, expresiones lapidarias o frases curiosas que escuchó o pronunció en su vida. Por supuesto que, como todo artista, conoce muchas anécdotas relacionadas con sus antecesores o competidores, y es capaz de conseguir una notable maestría en la formulación y dicción de tales chascarrillos. A la hora de llevar al papel esas historietas hay que dejar a un lado el magnetofón, pues una anécdota termina a veces con un gesto de brazos extendidos, con un encogerse de hombros, frecuentísimamente con una mueca del rostro. Y uno tiene que ponderar si el relajado interlocutor desea que se traslade al papel todo cuanto dice de palabra. Y no tiene el menor interés en apuntar que esto o aquello no debe saltar al público. En mi opinión, no tiene el más mínimo interés en ser precavido durante un prolongado trabajo compartido.

En más de una ocasión alude personalmente al tema. Defiende a aquellas personas de su entorno que negocian para él y que, por consiguiente, también tienen que negar o dar contraórdenes en favor de él. Defiende a los que se granjean enemistad por salvaguardar los intereses de él. «Todos se enfadan con Maerkle. Lo sé. Y también él lo sabe. Si no están enfadados con él, entonces no me va bien a mí.» El doctor Uli Maerkle es el realizador que se responsabiliza de los filmes musicales, la figura central de lo que se ha dado en llamar el Imperio Karajan. ¿Actúa siempre como portavoz de Herbert von Karajan? Ni él ni Karajan han tomado postura frente a esta pregunta. Son recíprocamente leales, y eso tiene que bastar a todos los curiosos.

La edad y los ya mencionados achaques físicos han deteriorado la motricidad de Karajan, pero no le han privado de su vivacidad interior. Si sorprende en los conciertos cuando, por exigencias de un crescendo musical, levanta y extiende sus manos como las alas de un águila, de igual manera desconcierta en la conversación al hacer gala de un ímpetu que no se esperaría ya de él. Sigue siendo capaz de estallar de rabia, de dar indicaciones por teléfono con una ácida cortesía, y evalúa con toda exactitud lo que acontece en el mundo de la música. Y reacciona con rapidez y eficacia, para desconcierto de maestros más jóvenes y aparentemente más ágiles.

Ha dejado caer algunas envolturas. Da a entender que se informa de los acontecimientos diarios a través de la televisión y de los periódicos. Y está siempre dispuesto a hablar de las críticas que lee. Considera innecesario dar la impresión de flotar sobre las nubes. A su estilo, se ha vuelto más realista, más humano. Sí, a su estilo. Sigue siendo Herbert von Karajan, y deja muy claro que no soporta la crítica. Su concesión máxima es la siguiente: «A veces escucho las opiniones de mis colaboradores. Pero hay que hacer lo que yo considero correcto. No me gusta que me contradigan.»

Hay que relativizar estas palabras. En cuestiones de orden práctico, por ejemplo, respecto de una escenificación o de un ensayo, está siempre dispuesto a entenderse rápidamente incluso con simples tramoyistas, y a prestar oídos a las objeciones de éstos. Presta atención a los técnicos siempre que les reconoce una competencia profesional. Pero no tolera discusiones en un terreno en el que él cree tener autoridad. Aunque haya otras opiniones, en ese campo sólo vale la suya.

«En Ulm, la temporada finalizaba en abril. Me volvía a casa, estudiaba mi repertorio, comenzaba a colaborar en los festivales y a observar a los grandes directores. E iba a Bayreuth para vivir personalmente las grandes interpretaciones de Wagner que lograba Toscanini.» De toda su estancia en Ulm, Karajan recuerda a lo sumo que las grandes vacaciones en Salzburgo y en Bayreuth le ayudaban a recuperarse por completo de las fatigas físicas que le producía su actividad artística con tan escasos medios. El profundo conocimiento de los festivales de su ciudad natal le viene de aquellos años. Naturalmente, no tiene la menor dificultad en afirmar que su constante presencia en los ensayos y representaciones que tuvieron lugar entonces en Salzburgo ejerció tanta influencia en su repertorio como el intenso trabajo que realizó en el teatro lírico de Ulm.

Karajan ha recordado y contado con frecuencia un hecho que tuvo lugar casi al final de su estancia en Ulm. Y lo ha considerado siempre importante porque corrobora una tesis suya. «He contado varias veces que volví a Ulm tras un verano en Bayreuth, y que los músicos de la orquesta tocaron francamente mejor que antes. Porque percibieron que me presenté ante ellos con mayores exigencias.»

El hecho de que Karajan cuente esta anécdota en diversos momentos, sin introducir sustanciales modificaciones en el relato, indica su manera de pensar. Aquella reacción le confirmó en la influencia que un director puede ejercer sobre la orquesta siempre que éste vaya

Karajan debutó en Ulm el 2 de marzo de 1921. Vista de la catedral.
(Foto Archivo Espasa-Calpe)

más allá de sus concretas concepciones acerca de la música y de sus conocimientos profesionales. Opina, y corroboran su manera de pensar todos los músicos de las orquestas del mundo, que un director no puede limitarse a cumplir las pesadas y difíciles tareas básicas, sino que debe inspirar a la orquesta. Según él, el director tiene que ser capaz de transmitir algo de «magia». Karajan utilizó ese término, precisamente en este contexto.

«Tras haber vivido la fantástica experiencia de Toscanini en Bayreuth, planteé otras exigencias, más altas. Y la orquesta trató de estar a la altura de ellas.» El comprometido amigo de la música, al que repugna entrar en discusiones de ese tipo, acepta de forma completamente acrítica la afirmación de Karajan. El observador profesional que ha asistido durante años a ensayos y conciertos en todo el mundo no tiene dificultad alguna para subrayar la afirmación, en apariencia sorprendente, de Karajan. En efecto, los músicos esperan de su director incluso la sencilla ayuda técnica que puede darles con la batuta. Pero, en el concierto, esperan algo más de él. Ellos mismos utilizan el término «inspiración», y afirman hacer mejor música cuando tienen ante sí a un director inspirado. Así pues, confirman las palabras de Karajan, y necesitan un director que —aunque resulte incómodo— se ponga delante de ellos equipado con las más elevadas exigencias y visiones.

Karajan, que dirigió orquestas de todo el mundo cuando alcanzó lo que se ha dado en llamar el cenit de su carrera, sabe cómo hay que tratar a los músicos. Y todavía hoy, concentrado básicamente en los filarmónicos de Berlín y de Viena, sabe que no puede ensayar de forma rutinaria con estos *ensembles* tan familiares para él, sino con un elevado grado de inspiración. También de esto habla con detalle, mezclando el saber del especialista con la filosofía del director de orquesta. Pero no cuando habla de Ulm. Entonces recuerda al buen colega y al intendente que lo contrató para que saliera de Salzburgo. Tampoco puede parlotear a sus anchas de los cantantes y músicos de Ulm. Ya en 1930 no quería escucharlos. Todavía en 1987 le resulta imposible evitar un sabor agridulce cuando se refiere a ellos. Y su gran convicción de que él y otros directores de su generación asistieron a la única escuela verdadera mediante su trabajo en pequeñas ciudades como Ulm parece perder sus contornos cuando se ve obligado a pensar que todavía hoy existen situaciones parecidas.

«El mundo entero ha cambiado. Los discos y la televisión han elevado de tal modo las exigencias de los amantes de la música (también de los que viven en localidades diminutas) que ya nadie puede darse por satisfecho con un teatro lírico como aquel de Ulm. No puede darse por satisfecho.»

A Herbert von Karajan le cogió casi por sorpresa el final de su estancia en Ulm: «Al terminar mi octava temporada, seguía en Ulm el intendente que me había contratado en Salzburgo. Me despidió lisa y llanamente. Dijo: "No deseo que vuelva usted después de este verano. Es probable que repongamos en la próxima temporada óperas que ya ha dirigido usted aquí. Ya sabe todo lo que podía aprender en Ulm. Ahora tiene que dar un paso más. O se malogra o hace una brillante carrera. Estoy firmemente convencido de esta última alternativa. Pero usted no puede volver a mí.» En realidad, debieron de haber sido dichas tan gruesas palabras, pues Karajan las recuerda con frecuencia, y siempre aparece la mencionada alternativa: malograrse o hacer una brillante carrera. «No cabe entender aquellas palabras sino como un echarle a uno a la calle. Porque yo no había recibido propuesta alguna para otro puesto. En toda Alemania no había una plaza vacante. A pesar de todo, comprendí que él me hablaba en serio y que tenía fe ciega en que yo haría carrera. Más tarde, cuando me contrataron en Aquisgrán y también conseguí dirigir en Berlín, recibí felicitaciones de Ulm. Pero antes de que llegara aquella situación, tuve que pasar un verano difícil.»

3

Aquisgrán y Berlín

SOLÍA volver a casa en mayo. Pero, en aquel momento, carecía de sentido dirigirme a Salzburgo. Viajé a Berlín para encontrar un puesto de trabajo. Visité todas las agencias, acompañé a cantantes en la agencia más importante. Tenía la secreta esperanza de dar con un intendente que no sólo encontrara los cantantes que necesitaba, sino que también fijara su atención en mí. Pero nada sucedió durante tres meses. Absolutamente nada que tuviera alguna importancia para mí. Nadie parecía necesitar un director de música. Nadie negociaba conmigo. Todos los puestos de Alemania estaban ocupados. Yo era —al menos así parecía— el único director de música que se encontraba en Berlín y no tenía compromiso alguno para la siguiente temporada.»

Por consiguiente, antes de que Karajan fuera lo que quería ser y lo que siempre había soñado, debió permanecer en Berlín aquel verano, que él mismo calificó de deprimente, en el que él era el único director de música desocupado que buscaba un puesto de trabajo. Y una prueba de su voluntad, de la que habla rara vez, pero que invoca en situaciones extraordinarias: «Hasta que, por fin, vino a Berlín el intendente de Aquisgrán. Lo supe por mi agente. Pedí la posibilidad de mantener una conversación. Lo he hipnotizado. No te dejaré escapar. Tienes que contratarme. Tienes que conseguir algo para ti en esta conversación, me dije. Y mi interlocutor debió de percibir algo de la presión bajo la que me encontraba. Naturalmente, también en Aquisgrán había terminado la temporada. Por consiguiente, no podía contratarme para dirigir. Pero me invitó a realizar un ensayo con la orquesta.

En Aquisgrán se repitió —si hemos de dar crédito a la narración de Karajan— la escena que había representado ya en su primer ensayo ante los profesores de la Academia de Viena y que ejercitó posteriormente con todas las grandes orquestas con las que quiso entablar un primer contacto impactante. «En Aquisgrán realicé, pues, un ensayo al que después no seguiría un concierto. La vida musical estaba organizada de la siguiente manera. Había una dirección de música que dirigía a la orquesta de la ciudad en un determinado número de conciertos y ensayos. En las restantes noches, la orquesta tocaba en la ópera. Aquí corría con la tarea el director general de música, subordinado al intendente. Para la orquesta había, además, una especie de secretario general, un ex filarmónico de Berlín que se había jubilado prematuramente para conseguir aquel puesto. Naturalmente, también él asistió al ensayo que yo celebré. Todavía hoy recuerdo que los músicos se dirigieron a él después del ensayo y le comentaron que se habían imaginado otra clase de director. Pero él había comprendido mi forma de trabajar, y les explicó que yo era el individuo adecuado para ellos. Así conseguí que me contrataran.»

Cuando Karajan habla de sus correspondientes primeros ensayos, se refiere a los pocos compases que ejecuta con una orquesta, a los pocos compases que le dan pie para demostrar que se trabaja de forma rutinaria e imprecisa. Repite una y otra vez que la tarea del director en un ensayo es la de conseguir que se dé su debida duración y afinación a cada nota. En su trabajo con la orquesta, Karajan da siempre la impresión de que intenta respetar el verdadero valor de las notas, de exigir de nuevo que los músicos den lo mejor de sí. Parece que ha dedicado a su libro —ya legendario— pasajes enteros sobre cómo el director debe abordar la música y contagiar ese nuevo talante a la orquesta. Parece que está dispuesto a escribir de nuevo y con detalle sobre estos temas, o a llevarse consigo sus «secretos», que no le parecen a él tan misteriosos.

Pero antes de llegar a ser en Aquisgrán lo que fue durante bastante tiempo a los ojos del mundo —director general de música y un músico que no perdía de vista los grandes puestos en Berlín y en otros lugares—, no sólo debió dirigir un ensayo que no gustó a los componentes de la orquesta de Aquisgrán, pero encantó e impresionó pro-

Dirigiendo *Siegfrid* en Salzburgo (1958). *(Foto EFE)*

fundamente a un experimentado ex filarmónico de Berlín. Además de todo eso, debió consolidar cuidadosamente su posición en los conciertos y en el teatro. Tenía necesidad imperiosa de conseguir que el director general de música, Peter Raabe, cayera en la cuenta de haber sido desplazado por un colega más joven. Raabe, que sería más tarde presidente de la Reichmusikkammer en Berlín, no dejó huella perceptible en Karajan porque no era un músico suficientemente interesante como para ser o convertirse en rival.

Karajan describe claramente la situación: «Yo quería evitar a toda costa cualquier discusión con mi competidor. Cuando, al medio año de mi estancia en Aquisgrán, quedó libre el puesto de director general de música en Karlsruhe, dirigí en esta última ciudad, tuve éxito y conseguí el puesto. Fue entonces cuando toda la situación de Aquisgrán evolucionó de forma favorable para mí. El alcalde me ofreció el puesto para la temporada siguiente. Raabe se sintió traicionado y se fue a Berlín. Y yo pasé a ser el *chef.*»

Sorprende comprobar como el término *chef* encaja perfectamente en el contexto de Karajan. En casi todos los teatros e instituciones en que él ejerció su actividad le denominaron *el Chef*. De hecho, tal expresión se convirtió en sinónimo de su nombre propio. Él lo sabía y estaba conforme con tal nombre. Tal denominación significa para el trabajo y responsabilidad, no una distinción o una dignidad. Independientemente de la carga que cada persona pueda depositar en ese nombre, Karajan se sintió a gusto con él, quiso conservarlo, y estuvo de acuerdo en que —en su calidad de *chef*— recayeran sobre él los reparos a decisiones que no dimanaban realmente de él. También había que aceptarlo. Para Karajan, el *chef* asume toda la responsabilidad.

La mañana en que Herbert von Karajan me pintó la situación de Aquisgrán era radiante y agradable. Nuestra conversación estuvo salpicada de llamadas telefónicas con Berlín. Y el director artístico de la Filarmónica hablaba, en su inimitable estilo imperante, con el intendente de su orquesta. Le preguntaba por determinados instrumentistas. Y cuando dejaba caer que vería con agrado que tal o cual ocupara el primer atril en el próximo concierto, sus palabras sonaban como una cortés sugerencia, pero también como una orden que no admitía objeción alguna. Y era así en realidad, pues habían quedado atrás los tiempos en que las grandes orquestas autónomas podían permitirse el lujo de no satisfacer una petición formulada con cortesía por Karajan. Con meses de antelación esbozaba Karajan, en una llamada telefónica, la sonoridad especial que quería escuchar de los filarmónicos de Berlín en una determinada fecha posterior. En Berlín se tomaba nota de su deseo y se actuaba en consecuencia. Para Karajan era natural que se reaccionara así a sus indicaciones. Y seguía hablando de semanas y meses en los que —por una vez en su vida— estuvo a punto de perder toda esperanza. Meses en los que tocaba para acompañar a sopranos y tenores que actuaban ante intendentes, pero seguía sin un contrato para la temporada siguiente.

Tras la estancia en Ulm y el negro verano pasado en Berlín —ya casi no puede haber sorpresas en una biografía de Herbert von Karajan—, tomó posesión de su cargo en Aquisgrán.

Pero el interlocutor tiene que intervenir aquí y señalar expresamente que Karajan, espontáneamente, habla no sólo de las dificultades que tuvo para conseguir el puesto, sino también de la consciente implicación política.

Se trataba —había prejuzgado yo— de un escollo muy especial contra el que se estrellarían todas las maniobras. Con excesiva frecuencia e intensidad se había rastreado el comportamiento político de Herbert von Karajan durante la época del nacionalsocialismo. En todas las obras especializadas aparecían los números de carné que le identificaban —primero en Salzburgo y posteriormente en Aquisgrán—, como miembro del partido. Y se han consignado todas sus actuaciones, tanto las exigidas por el programa como las realizadas en favor del público y como servicio gratuito al Partido. Sus biógrafos o se pasaron un tanto o se regodearon en el tema. Y quisieron determinar exactamente en qué medida estuvo vinculado entonces Herbert von Karajan con el Partido Nacionasocialista Alemán del Trabajo, con sus ideas y con sus protagonistas. Cuando, en una fría mañana, me senté en Salzburgo y nos dispusimos a hablar de Herbert von Karajan en Aquisgrán, habían llovido ya sobre el maestro todos los palos posibles.

¿Cómo reaccionó Karajan?

Él abordó espontáneamente el tema. Se comprenderá que reproduzcamos literalmente lo que quiso decir al respecto:

«Naturalmente, los tiempos de los que hablamos fueron una época muy política. Comprendo que se siga escribiendo y haciendo conjeturas sobre ella. Pero también yo quiero decir algo acerca del único *detail* consciente en mi carrera. Porque considero necesario que se lea también mi punto de vista. Antes de producirse mi inminente nombramiento como director general de música de Aquisgrán, vino a verme el jefe de círculo y me dijo: "Bien. Usted será el director general, pero tendrá que hacerse miembro del Partido..." Y ésa es toda la historia de mi pertenencia al Partido. Independientemente de cómo se la haya querido presentar después. Hoy tengo que seguir diciendo lo mismo. Y tal vez también hoy se me interprete equivocadamente cuando trato de aclararlo. Pero tras los desesperados meses en los que esperé en Berlín la consecución de un contrato, tras mis grandes esfuerzos para conseguir el de Aquisgrán, a la vista del ansiado puesto, probablemente habría cumplido incluso otras condiciones para hacerme con él. Se actúa con ligereza al afirmar que pisé cadáveres para conseguirlo. Pero esa frase expresa bastante bien hasta dónde habría sido yo capaz de llegar entonces, en mi situación de joven y hambriento director de música.

»Mi afiliación al Partido era un requisito indispensable para ser director general de música en Aquisgrán. Era el precio que debía pagar para lograr lo que deseaba. Y yo estaba decidido a conseguir mi objetivo. Citaré un ejemplo. Cuando muchos, muchísimos años después quise emprender una determinada ruta para ascender a un monte suizo, acompañado de mi guía, se me dijo que la empresa era posible, pero que tendría que pagar también sus honorarios a otro guía local. Di el dinero e hice lo que quería.

»Naturalmente, hoy ocupa la escena una generación casi incapaz de imaginarse algo de esto, proclive a emitir juicios, especialmente sobre la época que ella no vivió. Todos conocemos los debates. Los vemos y escuchamos constantemente. En mi opinión, conducen a la confusión y al error, porque no pueden llevar a otra parte. Es posible que la generación actual sienta gran interés por nuestro pasado, pero esté incapacitada para imaginar lo que un músico de entonces tenía que tragar cuando veía ante sí una meta y la posibilidad de alcanzarla. Rechacé todos los debates que se tuvieron al respecto después de la guerra, y guardé silencio. En el fondo, siento hoy una idéntica aversión a los debates. Además, no tiene sentido alguno para mí —por ejemplo— informar detalladamente sobre situaciones dificilísimas en que me colocó el Tercer Reich. Tampoco aludo jamás a las enormes dificultades que mi mujer y yo tuvimos que pasar en Alemania. Porque tampoco de eso está muy informada la actual generación. Es incapaz de hacerse una idea exacta. La incesantemente formulada pregunta está respondida desde hace mucho tiempo, por lo que a mí respecta. No siento la necesidad de dar una nueva contestación: llegué a ser *chef* en Aquisgrán y pude hacer música según mis ideas.»

Herbert von Karajan, que ha dado una respuesta personal tan inequívoca, es cualquier cosa menos un ser distanciado del mundo. Tampoco opina que no se mire hoy con lupa su actitud de entonces. A pesar de todo, ni una sola vez ha comentado que la temporada teatral 1987-88, en Viena, se abrió con una representación escenificada por George Tabori en su teatro «Der Kreis». *Nacido culpable* era el título de la producción, y trataba exclusivamente de hombres jóvenes que deseaban hacerse una idea exacta de la medida en que se obligó a sus padres o abuelos a actuar como engranajes en la maquinaria del nacionalsocialismo. En esa producción se presentó la hija de Herbert von Karajan como miembro del *ensemble* Tabori, y las críticas coincidieron en destacar sus extraordinarias dotes.

«De acuerdo con el sistema entonces imperante, la figura de un director general de música significaba mucho más de lo que alguien puede pensar hoy. Implica, sobre todo, mucho trabajo y no poca responsabilidad. Nuestra orquesta se componía de unos setenta músicos, pero podía alcanzar la dimensión normal de una orquesta sinfónica. Yo tenía la obligación de dirigir seis conciertos de abono y ocho para no abonados. Naturalmente, debía encargarme también de los necesarios ensayos para tales cometidos. En cuanto a la ópera, estaba obligado a encargarme de la nueva escenificación de cuatro o cinco óperas por temporada, y tenía que dirigir todas las representaciones. Tanto la confección de los programas de los conciertos como la elección de las óperas eran competencias mías. En el teatro, el intendente era responsable del *état,* pero, fuera de ese campo, él no se inmiscuía para nada en mis planes. Entonces no se conocía entre nosotros la figura del director invitado, como actualmente. Recuerdo haber invitado en una ocasión a Willen Mengelberg, porque se hablaba mucho de él en toda Alemania. Nos hicimos amigos cuando dirigió como invitado, y nos hemos entendido bien desde entonces. Pero tales excepciones nunca tuvieron especiales repercusiones. La orquesta estaba acostumbrada a tener siempre la misma batuta, y así se concebía entonces el sistema de un director general de música: se trataba de un músico al que se elegía para que cargara con la responsabilidad de toda la vida musical de la ciudad.»

Aquisgrán no sólo gozaba de una gran tradición como ciudad amante de la música, sino que contaba, además, con un público que se interesaba profundamente por ésta. Había bastantes industriales ricos que se prestaban gustosos a actuar como mecenas. Y era una ciudad en la que uno podía recibir una invitación para realizar interesantes cometidos de dirección de orquesta en otros lugares. Herbert von Karajan, según las medidas de entonces, alcanzó pronto una posición adecuada.

«En Aquisgrán comencé también a escenificar. En el cuarto año de mi actividad escenifiqué, como primera ópera, *Los maestros cantores de Nuremberg*. Aquello fue para mí no sólo poner la mano en otra actividad, sino la reacción natural de un músico ante una situación que se puede vivir constantemente en cualquier teatro operístico del mundo: un director de orquesta nota en los ensayos que el *regisseur* que colabora con él no conoce la obra que escenifica. Y, naturalmente, un director de orquesta observa con frecuencia que el *regisseur* con quien colabora entiende demasiado poco de la música y de los cantantes con los que tiene que trabajar. En todos los ensayos se da la misma situación: un *regisseur* no entiende en absoluto por qué un coro no tiene que cantar *pianissimo* cuando se le exigen simultáneamente acciones extraordinarias en la escena. Un *reggisseur* jamás llega a entender que, en la vida del escenario, hay momentos en que debe concentrarse en la música y no en las indicaciones de la *regie*. A veces, uno se esfuerza, como director de orquesta, en explicar todo esto al *regisseur* para llegar a un compromiso. Yo nunca tuve la suerte de conseguir un compromiso. Tuve que hacerme cargo de la *regie*, como única manera de solucionar los problemas.

»Naturalmente, tal práctica no era habitual entonces. Se cuenta que también Toscanini se hacía cargo de la *regie*. Pero eso no es completamente cierto. Lo sé porque tuve la suerte de asistir a innumerables ensayos suyos en Salzburgo. Él tenía sus propias ideas de lo que debía acaecer en el escenario, y era el maestro al que debía atender todo el mundo. Pero, a pesar de todo, siempre había un *regisseur* que realizaba su trabajo específico. Y sé de buena tinta que Toscanini se sentía profundamente insatisfecho con su *regisseur* preferido de Salzburgo. A decir verdad, tampoco era sencillo llegar a saber qué podría satisfacerle. A pesar de todo, en una ocasión llegó a estar de acuerdo con un *regisseur*. Fue cuando él dirigió *Tannhäuser* en Bayreuth y Siegfried Wagner se encargó de la *regie*. Yo asistí a los ensayos y a las representaciones. Recuerdo perfectamente una escenificación excepcional, y una interpretación musical tan equilibrada y fascinante que excluye casi la posibilidad de una producción mejor. El director de orquesta se había responsabilizado al fin de todas las facetas de que constaba la representación. El *regisseur* no se entrometió lo más mínimo, y eso fue suficiente.»

Gran importancia concede Herbert von Karajan al tema dirección artística de la ópera. Y el artista mismo explica el porqué de tal importancia. Tiene sus propias ideas al respecto, y también su propia valoración de lo que se llama actualmente teatro operístico moderno. Ya se hablará de esto. Antes, nos quedamos en Aquisgrán, donde un joven director general de música de la escuela de Max Reinhardt rompe con usos y costumbres, se hace cargo también de la escenificación y tiene éxito en el empeño.

Se percibe que Karajan recuerda con agrado aquel tiempo, y permite que sus momentos privados afloren a la narración. El maestro da la impresión de que su vida en Aquisgrán estuvo totalmente dedicada al trabajo. Siguiendo su costumbre, recuerda lo más importante que aquellos años le dejaron. Por ejemplo, que él mismo llegó a encargarse de la escenificación. Que seleccionaba personalmente sus óperas y los programas de los conciertos. Que sólo aceptaba invitaciones foráneas que le garantizaran más de un concierto. Que, sobre todo, se sintió feliz de ser *chef*.

«Nuestros programas de conciertos de Aquisgrán no fueron eso que hoy se llamaría conciertos conservadores. Pero se hicieron pensando en un público bastante conservador que no sentía excesivo entusiasmo por la música contemporánea, y que reaccionaba al respecto más o menos como se ha podido observar hasta nuestros días. También entonces los abonados procuraban llegar con retraso al concierto y renunciaban a la primera pieza, pues sabían que era de música moderna. Naturalmente, era música de los entonces jóvenes compositores alemanes. Sobre todo, música de Orff, Egk o Fortner. Naturalmente, estudié esa música con tanta seriedad como los restantes ingredientes del programa. Por supuesto que mi actitud no me granjeó amigos. Ni en Aquisgrán ni en Viena. Recuerdo aún un concierto de abono que dirigí en el año 1960 y en el que se tocó una composición de Anton von Webern. Hubo silbidos, toses, risotadas. Y los abonados hicieron saber de forma mayoritaria que no deseaban que se tocara ese tipo de música en la Musikvereinssaal...

»Durante toda mi vida he tratado de incluir en mi repertorio aquella música que estaba madura también para mí. Pienso, por ejemplo, en todo el tiempo que tardé en establecer la relación correcta con Gustav Mahler, y en las estupendas grabaciones que hicimos después con la Filarmónica de Berlín. Y recuerdo con todo detalle el trabajo con la orquesta cuando, por fin, hicimos un álbum con obras de la Escuela de Viena. No me cansé de repetir a los músicos que

Karajan dirige en Viena con motivo de la inauguración del baile de los filarmónicos

es completamente falso tocar esta música de "distinta" manera que las restantes composiciones. Por fin llegamos a madurar lo suficiente como para abordar las grabaciones. Mi ambición era la de hacer que Schönberg sonara como Mozart o Beethoven. Y, ¡mira por dónde!, el éxito de esta cassette se vio recompensado con un éxito de ventas. No soy tan pretencioso como para afirmar que —con esas grabaciones— hicimos populares a Schönberg, Berg o Webern en capas sociales mucho más amplias, pero sí estoy convencido de que se entendió y aplaudió nuestra actitud frente a esa música. A pesar de cuanto se ha escrito sobre mí, nunca me he cerrado a la música de nuestro tiempo.

»Siempre y por doquier he manifestado lo que pienso respecto de ella. Y tuve éxito siempre que me decanté por una nueva composición.»

Herbert von Karajan no es un hombre de archivo. Cuando bucea en el pasado, jamás se ayuda de un cuaderno de notas o de colecciones de programas. Permite gustoso que otros investiguen, y se muestra reconfortado cuando alguien le recuerda algún punto olvidado por él. No sólo en Aquisgrán —y posteriormente en Berlín— tocó Karajan música contemporánea, sino también en la época legendaria en la que Karajan fue director de la Ópera Nacional de Viena hubo estrenos mundiales y locales preparados con la pretensión de grandes *premieres.* Por supuesto que Frank Martin y Benjamin Britten no eran entonces unos advenedizos, pero sí compositores contemporáneos. *La tempestad* y *Sueños de una noche de verano* se representaron en la Ópera de Viena. Se puso en ellas el mejor empeño, y así lo entendió el público.

En cuanto a la tradicional atención prestada en los festivales de Salzburgo a las obras musicales más modernas, Herbert von Karajan no se ha dejado llevar por su personal iniciativa en los encargos de obras realizados durante décadas. Últimamente, sin embargo, se ocupó personalmente de las modalidades de adjudicación, y tiene ideas muy claras al respecto. Ciertamente no son una toma de posición contra los compositores modernos. Apuntan exclusivamente a una presentación óptima, que —en opinión de Karajan— no se ha producido aún.

Resultaría chocante a los amantes de la música el intento de presentarles a Herbert von Karajan como el gran innovador de la música. Ni él mismo ha llegado a pretenderlo. Pero sería igualmente falso considerar al director como un prototipo del conservadurismo más montaraz. Seguro que él tampoco estaría de acuerdo con tal calificación, y opina haber tenido los correspondientes contactos con los compositores de su tiempo. Y eso nadie se lo puede negar.

¿Nueva breve alusión a la política?

«El nacionalsocialismo no ejerció influencia alguna en los programas de conciertos de Aquisgrán. Como se comprenderá, había las limitaciones generales. Naturalmente, los estamentos responsables de Berlín, capital del Reich, eran algo más abiertos que los de Aquisgrán. Pero tanto en un lugar como en el otro era posible resistir con éxito a las restricciones dictadas. Tal vez no sea el mejor ejemplo, pero recuerdo que el director del círculo quiso prohibir una vez en Aquisgrán la representación de la *Pasión de San Mateo*. Reaccioné con toda rapidez, pregunté por la correspondiente decisión escrita del Reichsmusikkammer en la que se habría prohibido una música de *Pasión*. No existía tal disposición, y pudimos hacer la mencionada *Pasión* sin que se nos pusieran más impedimentos. No pretendo afirmar que la política no se entrometiera algo en la vida musical. Tal afirmación sería falsa, y muchos documentos hablarían en contra de ella. Pero también sería equivocado pensar que nosotros los músicos nos guiábamos constantemente por categorías políticas. También entonces éramos músicos, artistas. Y discutíamos cuestiones musicales, artísticas. Por otro lado, no toda intriga en la vida musical tenía que ser necesariamente de naturaleza política. Generalmente eran como las que se suelen dar en todo tiempo y lugar entre músicos y artistas; independientemente del régimen político que gobierne el país.»

Cuando Herbert von Karajan habla de los tiempos del nacionalsocialismo quiere llevar al ánimo de los hombres jóvenes la idea de que considera no conforme a verdad los intentos actuales de dejar a un lado todos los demás aspectos y centrarse exclusivamente en las prohibiciones, servicios al partido, actividades políticas. Tiene sumo empeño en recordar que también entonces se hizo música y hubo que trabajar en la producción artística de óperas y conciertos. En las fechas en que Karajan desgranó todas estas consideraciones, siguió por televisión las acaloradas discusiones sobre el pasado del actual presidente de Austria. Sus comentarios al respecto fueron siempre escuetos. En el fondo, consideró que la discusión era estéril.

«En 1937 me llegó la primera oferta de Viena. Estoy seguro de que se me invitó porque había entablado una gran amistad con el director Erwin Kerber en Salzburgo, y porque Bruno Walter quería conocerme. Me ofrecieron *Tristán e Isolda*, y me prometieron dos, no, tres ensayos con la orquesta. Yo acepté lleno de alegría. Dos semanas antes de la representación me llegó una carta de Viena. Se decía en ella que se produjeron muchos cambios de reparto, y que sólo me daban dos ensayos. Una semana antes de la representación llegó otra carta de Viena en la que se informaba que existían dificultades para los preparativos de un concierto filarmónico, y que yo sólo podía disponer de un ensayo con la orquesta. Cuando, finalmente, fui a Viena, el maestro concertador quiso hacer conmigo lo que músicos de orquesta han tratado de hacer siempre con directores jóvenes. Me dijo: ''Con un ensayo no podrá usted conseguir nada. Renuncie al ensayo. Si usted viene bien preparado para la representación, sepa que también estamos bien preparados aquí. Y crea que tocaremos para usted como para nuestros mejores directores.'' Así que tuve que tragarme aquella propuesta y debí contentarme con un ensayo del *ensemble* con el piano. Pero también aquel ensayo resultó indescriptible, se grabó para siempre en mi memoria. La cantante que iba a representar el papel de Brangäne no se presentó; pidió que la disculparan. La cantante del personaje Isolda puso al día su correspondencia epistolar durante el ensayo, y se limitó a entonar, ocasionalmente, algunos comienzos de alguna frase musical para mí, pero me dije que no volvería a dirigir en Viena hasta que el tiempo no madurara para mí. Y pasaron muchos, muchísimos años, hasta la siguiente vez en que dirigí ópera en Viena. Aquello me enriqueció con una nueva experiencia.»

Cuando Karajan cuenta aquel su primer pulso con el gran Teatro de la Ópera de Viena no utiliza tono de voz o gestos cargados de reproche. No. Entonces se hacían así las cosas. Y opina que en todos los grandes teatros operísticos trataron de igual manera a los directores jóvenes. Si hubiera reaccionado de otra manera, si hubiera podido intervenir en la toma de decisiones, no habría tenido inconveniente en aceptar nuevas invitaciones para dirigir de nuevo. Pero considera como algo natural haber renunciado a dirigir en seguida en Viena y haber llevado de otra manera sus negociaciones con los grandes e imponentes teatros operísticos. Le parece natural todo eso porque, al fin, las negociaciones resultaron siempre positivas para él. En numerosas ocasiones ha contado la correspondiente historia de su contratación para Berlín hasta aquella actuación que le valió la crítica resumida en la expresión «El milagro Karajan». Esa historia es como un ejemplo paradigmático de que uno tiene que estar convencido de su propia valía, e informado de las posibilidades de una primera presentación. Ambas cosas son imprescindibles a la hora de negociar.

«Al año siguiente (1938) comenzó mi excitante correspondencia con Berlín. Me llegó una carta del representante del intendente general Heinz Tietjen. Se me preguntó en ella si me interesaba dirigir en la Ópera Nacional el estreno de una ópera de Wagner-Regeny. Se trataba de *Los ciudadanos de Calais*. Aquella carta dejaba traslucir las alturas desde las que había sido escrita. Venía casi directamente del Olimpo, y tenía un tono que me resultaba repelente. Todavía sigo odiando que se hable por encima del hombro. Reaccioné no respondiendo yo directamente, sino haciendo que otro respondiera por mí. Como es natural, mi representación escribió una carta muy cortés, diciendo que la oferta era toda una distinción para mí, pero que, antes de dirigir un estreno en Berlín, yo deseaba ser presentado al público con tres óperas: *Fidelio, Tristán e Isolda* y *Los maestros cantores de Nuremberg*. En respuesta a este escrito, vino otra carta de Berlín, escrita por algún sustituto, en la que se me decía que nada de dirigir; que, sobre todo, esas tres obras operísticas debían ser escenificadas y dirigidas personalmente por el señor intendente general. De nuevo hice que se escribiera una carta en mi nombre. En ella se expresaba mi agradecimiento, pero que, en tales condiciones, yo no dirigiría el estreno en Berlín.

»Prosiguió la correspondencia epistolar entre Berlín y Aquisgrán. Se fue haciendo crecientemente cortés, diplomática... y firmada por sustitutos. "El señor Tietjen le ofrece hacerse cargo de *Carmen*, con un reparto de primera clase." "El señor von Karajan se siente honrado. Ruega le indiquen qué entiende el señor Tietjen por reparto de primera clase." Respondieron diciendo que eso se decidiría puntualmente en cada caso. Yo mandé responder que, en mi caso, era mejor aplazar mi primer acto de presencia en la Ópera. Y vino entonces —de repente— la primera carta personal del gran Tietjen. Me confesaba sentirse intrigado al ver cómo uno quería imponer su voluntad a toda costa. "Le ofrezco la ópera *Tannhäuser,* como usted desea." Entonces, yo también tuve que responder personalmente. "Le agradezco la confianza, pero yo no he exigido *Tannhäuser,* sino las óperas *Fidelio, Tristán* y *Los maestros cantores*. Tietjen reaccionó a esta carta con las siguientes palabras: "Se hará su voluntad."»

Sólo para este libro, Herbert von Karajan ha transmitido esta historia a la cinta magnetofónica al menos en dos versiones. Y el contenido de ambas versiones ha coincidido por completo, incluso en el

Karajan en 1967. *(Foto Europa Press)*

tono, cuando daba la impresión de leer en voz alta una correspondencia todavía existente. Y nunca se pudo comprobar que el recuerdo de este tira y afloja siguiera haciéndole gracia. Narraba el recuerdo como si de una lección escolar se tratara, como si tuviera sumo empeño en que se entendiera correctamente. El director general de música de Aquisgrán era un puesto muy respetable. Hacer la presentación en Berlín con tres grandes óperas era la oportunidad para saltar súbitamente a la cima absoluta de la profesión. Karajan quería esa oportunidad: no se conformaba con menos. Deseaba atraer plenamente la atención del público. No se daba por satisfecho con recibir esporádicamente una invitación para un concierto o para una única representación de alguna ópera de un contemporáneo: «Si uno se aviene al compromiso, ha desperdiciado sus posibilidades», comenta él a los cuarenta años de haber ganado aquel pulso. Tampoco cedió lo más mínimo cuando se planificaron los primeros ensayos de *Fidelio* en Berlín. Con tono cortés, se mantuvo firme frente a una orquesta que tocaba «como si todos llevaran cuello duro». En los ensayos, ganó la partida, convenció a los músicos, se ganó la estima de Tietjen, quien —naturalmente— deseaba saber con quién se las tenía que ver. Después de *Fidelio*, vino efectivamente *Tristán e Isolda*. Tras la representación del 21 de octubre de 1938, apareció en el *B. Z. am Mittag* una crítica titulada de la siguiente manera: «En la Ópera Nacional: la maravilla Karajan».

Los tiempos han cambiado desde entonces: el título de la crítica se ha convertido también en el frontispicio de un libro sobre Herbert von Karajan, y la cita se emplea en todo el mundo. Se apostilló siempre que la admiración por Karajan incluía una clara nota agresiva frente a Wilhelm Furtwängler.

Por fin salió el dichoso apellido, estrechamente vinculado a cada una de las anécdotas de Karajan. Uno, que ha tenido durante décadas la oportunidad de escuchar los comentarios de Karajan sobre Furtwängler, debe mantener una actitud honrada y constatar que no siempre sonaron como en los últimos años. Han sido precisos muchos, muchísimos años, para llegar a donde Karajan se encuentra hoy. Y comenta por enésima vez una vinculación muy peculiar:

«Naturalmente, comprendí desde el primer momento que Tietjen y el crítico Van der Nüll trataban de utilizarme como arma contra Wilhelm Furtwängler. Me lo dijeron con suficiente claridad en la ópera. Tietjen, que era una personalidad extraordinaria y se consideraba como una instancia especial, tenía dificultades con Furtwängler, y me dijo que no estaba dispuesto a seguir aguantando. Me confió: "El día en que Furtwängler vuelva a la Ópera Nacional, yo abandonaré el teatro por la puerta trasera." Naturalmente, tuvo que tragarse aquellas palabras, no pudo permitirse aquel lujo. Pero su animadversión era grande y perceptible. Y casi todas las anécdotas referidas al Berlín de 1938 que se cuentan todavía hoy son completamente históricas. Furtwängler tenía muchos adversarios, y se me utilizaba a mí para hacerle imposible la vida. Intrigaron de mala manera contra él, y yo serví a sus enemigos como el rival joven, no desgastado. Eso es innegable. Y, naturalmente, todo aquello tuvo que producir mayor sufrimiento a Furtwängler que a mí. Él había sido hasta entonces el indiscutido primer hombre. Y yo era un recién llegado, joven, que nada tenía que perder. Mi edad era un motivo suficiente para intranquilizarle.

»Pero sí quiero dejar claro que es falso contemplar siempre desde una perspectiva política nuestra situación conflictiva. Las dificultades que Furtwängler tuvo con el partido no me implicaban a mí. Lo que sucedía entre nosotros podría haberse dado en cualquier época y país. Era una rivalidad entre dos directores, uno de los cuales se encontraba en el cenit de su vida y el otro acababa de llegar con el único bagaje de su juventud. En el fondo, yo no tenía el menor interés en participar en aquel juego de desagradables intrigas. Yo sólo estaba interesado en aprovechar todas las oportunidades de poder dirigir. Y cada una de ellas, en Berlín, iba en detrimento de Furtwängler.

»Todo aquello me tuvo sin cuidado al principio. Porque inmediatamente después del *Tristán*, Tietjen me presentó a Gustaf Gründgens. Éste llevaba cuatro años buscando un director que le mereciera confianza para hacer *La flauta mágica*. Y me ofreció esa oportunidad. Me entusiasmó el ofrecimiento, pero no veía la posibilidad de compaginarlo con mis tareas en Aquisgrán. Y Tietjen, quien declaró que aquello se arreglaba con una llamada telefónica al ministérium, no comprendió mi situación. Mi problema no eran las fechas para los ensayos o representaciones, sino mi deseo de contar con dos meses para reflexionar sobre un proyecto tan importante. Al fin, encontramos tiempo, y comenzaron los ensayos, que fueron una verdadera delicia.»

Cuando Karajan habla de los ensayos bajo la supervisión de Gründgens, sus ojos brillan de una forma especial. Y trata de revivir mil detalles para ilustrar su entusiasmo. Considera importante recordar que él no era simplemente el director de orquesta que se negaba a colaborar con directores de escena. Recuérdese que él vivió el embrujo de Max Reinhardt en los legendarios ensayos de Salzburgo; que se entendió de maravilla con Gustaf Gründgens, y que llevó al director de escena a Salzburgo muchas décadas más tarde. E hizo con Franco Zeffirelli una de sus más famosas producciones operísticas, y dirigió en más de un teatro de ópera *La Bohême* producida por ambos. Sólo tuvo problemas con directores de escena a los que consideraba de segunda fila. Y se mantiene alejado, intencionadamente, de aquellos directores de escena que, según él, quieren servir a intereses que no son los de la música. Los conoce y sabe de qué habla. A veces es incapaz de ver enteras las representaciones dirigidas por éstos. No trabaja con ellos, no los sugiere cuando se habla de ellos. Se siente fascinado por Reinhardt y Gründgens, y sabe que ésta es una manera de criticar a otros directores de escena.

«Acerté al prepararme para esta producción con Gründgens. El trabajo con él fue una verdadera delicia. Dominaba maravillosamente su oficio, y sabía lo que pretendía mostrar con su escenificación. Para él, la figura central de la ópera no era el príncipe, sino Papageno; algo que Gründgens llamó expresamente el hombre austriaco. Glorificó a Papageno, que no deseaba más que tener lo suficiente para comer y una chica. Frase clave para su escenificación fue la afirmación de Papageno: no me va la lucha.»

A diferencia de otros artistas que hablan todavía hoy de la repugnancia interior que les producía el partido, Karajan cuenta cómo se comportaban en los ensayos sus *partenaires* de entonces: «Gründgens aprovechaba cualquier oportunidad para lanzar puyas contra el Tercer Reich. Aunque le consideraban como el niño mimado de los nacionalsocialistas, nunca tuvo pelos en la lengua y soltó cuantas observaciones le venían a la boca. Recuerdo con claridad cómo ensayamos una de las escenas en las que Sarastro se dirige a los sacerdotes, Gründgens interrumpió súbitamente a Sarastro: ''No. No necesitamos aquí ese tono lleno de unción. Encaja en una tarde de adoctrinamiento del partido''.» Y: «Aprendí, sobre todo, de Gündgens que es posible conseguir conmovedores efectos escénicos sin necesidad de hacer grandes gestos. ¿Algún ejemplo? En *Tosca*, Scarpia no tiene que actuar constantemente como el mal bicho que es. No tiene que mostrarnos cómo tiemblan todos ante él. Basta su presencia para que el pánico se apodere de todos. Finalmente, en su gran escena con Tosca, no tiene por qué dar puñetazos en la mesa y bramar delante de ella. Le basta con pronunciar en tono bajo su orden de flagelación. Debe cantar su "Tutto" con una voz tan baja que dé la impresión de haber perdido la voz. Y entonces funciona la ópera y el personaje. Y todo el público percibe lo que Puccini quiso significar. Todo director escénico puede utilizar en cada ópera lo que yo viví con Gründgens. Con efectos aparentemente sencillos se llega a conseguir más movimiento que con una exhuberante parafernalia de gestos. Es comprensible que ningún director de orquesta, después de haber trabajado con Gründgens, sienta la menor apetencia de colaborar con escenificadores de segunda fila. Hago, pues, responsable a Gustaf Gründgens de haberme convertido, desde entonces, en *regisseur* de mis propias producciones.»

Ha transcurrido medio siglo desde que Karajan, Gründgens y el escenógrafo Traugott Müller produjeron *La flauta mágica*, pero las gentes de edad amantes de la ópera —no sólo en Berlín, sino en otros lugares— se sintieron fascinadas por aquel portento de belleza. El hecho de que Karajan no haya sido siempre consecuente con sus propias palabras, sino que haya llevado a escena, en repetidas ocasiones, incluso *La flauta mágica* ayudándose de directores artísticos, no quita peso a su aseveración. Últimamente lo intentó en los festivales de Salzburgo con Giorgio Strehler y Luciano Damiani. El intento fracasó por diversos motivos. Con todo, fue una confirmación de la alta exigencia de calidad de la que Karajan habla. Porque Strehler y Damiani —cuando Karajan les propuso la colaboración— gozaban de una reputación similar a la de sus grandes predecesores...

Karajan siempre se ha caracterizado por no inculpar públicamente a otras personas tras un fracaso. Se puede interpretar tal reacción habitual como autoestima o como un cierto desprecio de la opinión pública representada por críticos y reporteros, aunque se han podido leer interpretaciones de peor calaña. Después de haber observado atentamente las reacciones y manera de ser de Karajan, me atrevería a opinar que el maestro no tiene interés en examinar escrupulosamente una producción que no ha salido como se esperaba. Tampoco le gusta discutir sobre quién o qué motivos han hecho que no se lograra el éxito esperado. Prefiere concentrarse en su siguiente producción, y se olvida de la fracasada. Sólo muchos años después recordará una representación o un filme que no salieron a su gusto. Eso significa que lo había recogido en su archivo privado y lo proyecta. Como ejemplo de fracaso que no debería repetirse.

El gran éxito conseguido en Berlín, el súbito salto de Karajan a la fama en la capital del Reich, los ofrecimientos de Tietjen para con-

Herbert von Karajan en Salzburgo

centrarse en ulteriores tareas operísticas, no fueron considerados por Karajan como una base suficiente para abandonar una posición en la que seguía siendo el *chef* indiscutido. «No tomé la decisión de marchar de Aquisgrán. Quise cumplir mi contrato, dirigir la orquesta y escenificar. Entonces, pareció muy posible una unión con Tietjen. Me convertí en director de música nacional y recibí un contrato para veinticinco noches; fue muy generoso conmigo, y me habría ofrecido más noches. Y todo eso en un tiempo en que no había dificultad alguna para llamar a un director de música de provincias, y el ministérium estaba dispuesto a abolir cualquier contrato válido en favor de un nuevo trabajo en Berlín. Estoy seguro de que cualquier otro se habría decidido inmediatamente a quedarse en Berlín. Pero yo quería estar también en Aquisgrán, y se atendieron mis deseos. Comenzó para mí un tiempo de constantes desplazamientos. Un tiempo en que aprendí a fijar cuidadosamente mis compromisos. Estaba tres días en Berlín; luego iba a Aquisgrán en el tren nocturno, y desde la estación me dirigía al primer ensayo. Después trabajaba diez días en ensayos y representaciones en Aquisgrán. Y de nuevo a Berlín en tren. Consegui dar con un buen ritmo, bastante estresante, pero que me producía la sensación de ser útil en ambas ciudades. Se podía aguantar el trabajo. Me gustaba. Para mí era importante no haberme echado inmediatamente en manos de Tietjen y de Berlín. Me quedaba una buena dosis de autoestima.»

Para los de Aquisgrán, Karajan era ya un berlinés que restringía sus obligaciones en la ciudad y trabajaba con el corazón dividido. Estaban convencidos de que tarde o temprano abandonaría Aquisgrán para centrarse completamente en Berlín. En consecuencia, tomaron sus medidas y provocaron el «corte» que Karajan no se atrevía a proponer. Querían en Aquisgrán un músico que estuviera comprometido al ciento por ciento con la ciudad. Por eso empujaron a Karajan a la capital de Reich antes de que finalizara el contrato del salzburgués. Todavía hoy suele apostillar Karajan: «Yo no recuerdo así la situación. Sabía que Berlín era una patata caliente y continué trabajando seriamente en Aquisgrán. No puedo aprobar el comportamiento del intendente Kirchner. A pesar de todo, cuando discutimos más tarde sobre este asunto, le dije que comprendía sus motivos. Entonces se normalizó nuestra relación. Pero nada más.» Y Karajan, que recuerda hoy su salida de Aquisgrán y el comienzo de su época berlinesa, ha visto confirmada de algún modo su interpretación de los hechos, porque fue en Berlín, desde un principio, el rival de Furtwängler, y su relación con Tietjen no fue lo buena que él habría deseado.

«Las tensiones con Tietjen, que surgieron en seguida, tienen una explicación sencilla. No pudo mantener su palabra y tuvo que permitir que Furtwängler dirigiera de nuevo. No podía sentirse feliz con un director de orquesta que también quería escenificar, invadiendo así el terreno de intendente general. Y tampoco podía ver con buenos ojos que yo quisiera influir en el reparto, interponiéndome de nuevo en su camino. Tietjen había sido hasta entonces una incuestionada eminencia gris en la vida musical. Pasaba casi inadvertido para la opinión pública, hasta el punto de que la gente se preguntaba en plan de broma si Tietjen existía en realidad. Al mismo tiempo, era todo un maestro en el trato con el poder, con los ministerios, con personalidades importantes del partido. Y no estaba habituado a que nadie le contradijera e intentara imponer su propia voluntad.

»Puedo aportar dos ejemplos de cómo Tietjen me dañó gravemente. Cuando Karl Böhm se trasladó de Dresde a Viena, quise presentar mi candidatura al puesto que él había dejado vacante. Me dirigí a Tietjen y le comuniqué que seguía dispuesto a dirigir en Berlín, pero que deseaba ensayar lo que sólo podía conseguir en un gran teatro operístico del rango y de la capacidad de la Ópera de Dresde. Me consideraba entonces en la edad adecuada y con la madurez suficiente para el cargo. Tietjen escuchó mi deseo, lo aprobó con entusiasmo, me prometió que hablaría con la gente adecuada, y que me allanaría el camino. En realidad, saboteó mi candidatura.

»Y se encargó después de que yo tuviera todo tipo de dificultades en mis actuaciones como director invitado. Por entonces dirigí bastante en Italia, actué en Florencia y en la Scala, e hice muchos amigos allí. Pero se enteraron de pronto que debían dejar de hablar conmigo sobre contrataciones. Y la instancia de la Reichsmusikkammer competente para las cuestiones extranjeras, a la que tenían que dirigirse, se opuso siempre que alguien se dirigió a ella para tratar de mi contratación. Se les respondía diciendo que yo tenía suficiente trabajo en Berlín, que no disponía de fechas libres. En realidad, Tietjen estaba siempre detrás de aquellas maniobras. Y una información de esas características que proviniera de Berlín bastaba para aislar de hecho a la persona en cuestión. De ese modo, mi contacto con Tietjen (que había comenzado con un curioso intercambio epistolar y tan bien funcionó posteriormente en Berlín) terminó definitivamente. Nunca llegamos a restablecerlo.»

Otra de las características de Karajan es la de no cambiar fácilmente sus actitudes. Reconciliarse por reconciliarse no le atrae ni siquiera después de muchas décadas. Se mantiene en la postura adoptada. Para él no tiene sentido revisar tal actitud por motivos sentimentales. Cuando se distancia de un colega por los motivos que fueren, cuando alguien le defrauda, hay que pensar que se mantendrá firme para siempre en la postura tomada. Sin embargo, las relaciones que Tietjen y Karajan mantuvieron antes de la ruptura definitiva fueron sumamente fructíferas. Y la animosidad entre ambos fue siempre la fuerza motriz. Tras las normales primeras dificultades y de las altas exigencias que mantuvo en todas sus vinculaciones importantes, Karajan consiguió conciertos con la Filarmónica de Berlín. Y se intensificaría su colaboración con la orquesta. Wilhelm Furtwängler consideró que su posición corría peligro, y consiguió que «su» orquesta redujera su colaboración con Karajan. Y Tietjen encontró una salida para el director Karajan, una solución que también resultaba provechosa para el intendente Tietjen. «Tietjen reaccionó entonces de forma astuta. Consideró que debíamos revitalizar los tradicionales conciertos dominicales en la Ópera Nacional. El último director que los había dado brillo fue Erich Kleiber. Naturalmente, yo acepté encantado. El simple anuncio provocó el éxito. En poquísimos días se vendió todo el ciclo. Naturalmente, con aquellos conciertos tuve que pagar un cierto precio. Definitivamente, yo me había convertido en el rival de Furtwängler y de la Filarmónica. Todo Berlín lo sabía y se frotaba las manos de contento.»

Las relaciones de Karajan con los filarmónicos de Berlín, de los que llegaría a ser vitalicio director artístico, se iniciaron de acuerdo con la receta específica del maestro. Primero le ofrecieron un concierto casi sin ensayos, «para conocerse». Karajan lo rechazó. Hubo después un concierto «auténtico», en el que Karajan desconcertó a la orquesta al insistir —sin tener en cuenta la fama del *ensemble*— en tener primer un ensayo exclusivamente con los instrumentos de cuerda, y posteriormente otro con toda la orquesta.

«Volví a escuchar entonces, al expresar mi deseo de celebrar un ensayo, la famosa frase de que no era necesario porque la orquesta se sabía el programa de memoria. Recuerdo todavía mi respuesta: "No dudo que ustedes dominen el programa. Pero lo comprobaremos en el ensayo." En *Dafnis y Cloe* señalé un pasaje del final en el que las cuerdas tenían que emplearse a fondo. Durante toda una hora ensayamos unos pocos compases. Cuando, después, vinieron los músicos designados para la segunda parte del ensayo, vi que el maestro concertador les hizo un gesto: les mostró los pulgares levantados. Entonces supe que la victoria había caído de mi lado.» Aunque Herbert von Karajan ha prometido escribir en su propio libro sobre el trato de las orquestas, ya ahora indica su receta peculiar. En resumen, el director tiene que procurar que un músico de orquesta toque con toda intensidad todas las notas que aparecen en su partitura; y que respete escrupulosamente el valor de cada nota. Volveremos sobre esto.

La colaboración con los filarmónicos de Berlín, con los que Karajan hizo grabaciones ya entonces, se interrumpió por la intervención de Furtwängler y por la reacción de Heinz Tietjen. La no intensa —pero sí exitosa— actividad en Italia se vio muy reducida por los acontecimientos bélicos y por los «celos» de Tietjen. Al mismo tiempo, la guerra exigió sacrificios, y se redujo considerablemente toda la actividad musical, no sólo la de Karajan. Con todo, Karajan recuerda «lo agradable que resultó haber conocido en el momento justo a un amigo musical como Víctor de Sabata, y lo reconfortante de poder preparar con toda tranquilidad los conciertos dominicales en la Ópera Nacional. Los últimos meses de Berlín, con los bombardeos, el hambre y la general inseguridad, fueron, desde el punto de vista musical, una época maravillosa». Karajan es consciente de que ningún miembro de la generación joven será capaz de comprender esta frase. Pero es correcta, y quienes vivieron el final de la guerra la comprenderán si la leen entera.

«Por supuesto que la Ópera no funcionaba. Pero disponíamos de toda una semana para preparar un concierto. Por fin se tenían los ensayos necesarios, y los conciertos alcanzaban siempre el éxito que se merece un trabajo intenso. Aquellos tiempos fueron horribles, pero el trabajo musical era para mí casi como un lujo. También tuve algo de suerte. Teníamos una estrecha amistad con el embajador suizo y fuimos sus huéspedes en un palacio situado a cuarenta kilómetros de la ciudad. Por consiguiente, no tuvimos que padecer toda la intensidad y tragedia de los bombardeos. Por la mañana iba a los ensayos. A la tarde nos encontrábamos de nuevo en aquel paisaje casi paradisiaco, en el que paseábamos durante horas. Y el concierto dominical era siempre grandioso, porque el público tenía verdadera hambre de música y podía saciarla. Cuando, posteriormente, se declaró la "guerra total", ardieron todas las salas de concierto o fueron bombardeadas, también a nosotros nos cubrió la ruina. Mi mujer

Dirigiendo a la Orquesta Filarmónica de Berlín en el Liceo de Barcelona (mayo de 1968). *(Foto EFE)*

y yo —como todo el mundo— sólo queríamos una cosa: alejarnos de Berlín.»

Aunque no ha habido guerras en nuestro entorno inmediato desde 1945, es posible convencerse de que los conciertos son mucho más que un simple evento musical en países en los que reina la pobreza, la opresión o la falta de libertad. Cuando Karajan se refiere a sus últimos conciertos dados en Berlín durante la guerra y los califica como los mejores, no piensa exclusivamente en términos musicales. El encuentro con un público hambriento pero ansioso de escuchar música le parece irrepetible. Sin embargo, el maestro atraviesa rápidamente aquella época y rememora los últimos días de guerra, que él no tuvo que vivir en Berlín. Los considera como un breve capítulo, como una especie de episodio que debió superar para llegar definitivamente al verdadero tiempo de su vida.

«Para ir entonces al extranjero se necesitaba, sobre todo, una invitación oficial. Pedí a mis amigos italianos que me consiguieran una. Bastaba con una contratación. Una formalidad para garantizar que tenía un trabajo fuera de Berlín. Aquello funcionó. Recibí una invitación para dar varios conciertos radiofónicos en Milán. Y me llegó el preceptivo visado. Pero en Italia nadie pensaba seriamente en organizar conciertos por radio. El evento de la guerra era todavía muy reciente. Había otras preocupaciones más perentorias. Pero nuestra situación había mejorado. Vivíamos en un hotel, teníamos la posibilidad de ir a comer: ya no estábamos en el ojo del horror. Vivíamos en una especie de sentimiento apocalíptico. Todo el mundo sabía que avanzaban las tropas extranjeras. Todo el mundo nos aconsejaba pasar lo antes posible a Suiza. Pero nadie acertaba a decirnos cómo conseguirlo. Cuando la situación en Milán se tornó peligrosa para cualquier alemán, unos amigos nos invitaron a su casa de Como. Su villa estaba abarrotada de gente. Parientes de la familia llenaban todas las dependencias de la casa y esperaban el final de la guerra. Nos hicieron un hueco en la casita que hacía de embarcadero, y creímos que nadie podría encontrarnos allí.»

Sobre el final de la guerra y acerca de los meses siguientes, la narración de Herbert von Karajan no llega a saciar la curiosidad de sus admiradores:

«Pero también en Como se nos podía encontrar, naturalmente. Recibí allí la orden de presentarme a filas. Yo debía entrar en el ejército. Tuve que presentarme al general. Éste me explicó que tenía la orden de devolverme a Berlín. Me miró con suma serenidad y me co-

Con Rudolf Gamsjäger, de *visita*, en la vienesa Konzerthaus durante los ensayos con Karlhein Stockhausen, Pierre Boulez y Bruno Maderna

Karajan presenta en la Ópera de Viena al último de sus codirectores: Egon Hilbert

municó que primero debía encontrar sitio para mí en un avión. Y que la búsqueda podía durar bastante tiempo. Que no sucedería antes de dos semanas. Me ordenó que estuviera preparado. Supe entonces que no llegaría a tener un sitio para mí. En efecto, no me equivoqué. Volví a encontrarme con él años después, cuando hice mi primera gira por Alemania con los sinfónicos de Viena. Después de uno de los conciertos, él estaba de pie en el *foyer;* se acercó a mí y me explicó que sólo pretendía ver si las cosas me iban bien de nuevo... Quizá me salvó la vida en 1945. Nadie sabe lo que habría podido pasar si yo hubiera vuelto a Berlín en los últimos coletazos de la guerra. Pero entonces, cuando me llegó la orden de incorporarme a filas y también mi salvación momentánea, tomé la decisión de vivir en adelante como parapetado. No te quejarás, no te justificarás. Te limitarás a vivir con serenidad y a esperar que venga el tiempo en que puedas trabajar de nuevo como hombre plenamente libre. Eso me propuse y es lo que hice. No tomé parte en todo el teatro que se hizo en torno al final de la guerra y al tiempo inmediatamente posterior. Me comporté con suma serenidad. Y mi decisión me sirvió de gran utilidad en todo ese tiempo, que no fue nada bueno.»

4

tras la segunda guerra mundial

«SOBREVIVIMOS el final de la guerra y los días siguientes en la casa de un abogado de Milán. Habíamos acudido a él para consultarle sobre nuestro futuro. Él se limitó a decirnos que no podíamos abandonar su casa, pues, de lo contrario, nuestra vida correría peligro. Así que permanecimos allí durante quince días. Todavía hoy no sé cómo agradecérselo. Fue nuestra salvación. Nos mudamos después a un pequeño y horripilante hotel. Teníamos una habitación que daba a una pared medianera. Nos encontrábamos sin dinero y sin posibilidad alguna de ganarlo. Y, por supuesto, estábamos desconectados del mundo exterior. Aquéllas fueron las fechas más horribles, y el momento en que aprendí italiano. Con el último dinero que nos quedaba compré libros en alemán e italiano, me tracé un horario al que me atuve con rigor, fue mi profesor y me esforcé en ser un alumno disciplinado. Y cuando, ¡por fin!, pudimos salir de nuevo a la calle, dominaba el italiano. Podía no sólo escribirlo, sino también hablarlo. De ese modo tuvo un sentido aquel terrible período. Y le encuentro sentido cada vez que lo contemplo en retrospectiva. Resultaba cruel y doloroso verse condenado a no hacer nada, a no poder revivir la música. Pero fue absolutamente importante para mí aprender perfectamente el italiano. Durante el resto de mi vida he tenido la oportunidad de utilizar a fondo esta herramienta.

»A pesar de todas las dificultades que se me presentaban, traté de dirigir de nuevo. Pero no lo conseguí. En Milán, donde yo tenía cierto renombre, no se tenía la menor intención de permitirme actuar en público. Los americanos declararon que primero se debería investigar acerca de mi persona. En general, la gente tenía preocupaciones distintas a las mías. Pero sucedió que un viejo amigo inglés, oficial de las fuerzas de ocupación británicas estacionadas en Trieste, oyó hablar de mí y me invitó. Los americanos no tenían competencias en Trieste. Me invitó y fui a Trieste: del prometido concierto resultaron tres, y todo aquello fue un buen comienzo. Se me prometió, además, ayuda para pasar a Austria. Pero aquella promesa no se cumplió de inmediato. No había la menor posibilidad de transporte para civiles...

»Hasta que —después de algún tiempo— me ayudaron mis conocimientos de idiomas extranjeros. Yo debía acompañar a Austria, como intérprete, a un convoy de refugiados. Pero antes debimos permanecer durante ocho días en un campamento de refugiados. Era horrible el entorno, el hambre, el desamparo. Pero era también la oportunidad de volver a casa.

Nuestro transporte de Trieste a Klagenfurt duró veintinueve horas de tren. Hoy es imposible imaginar las condiciones en que se emprendía entonces un viaje por ferrocarril. Y uno podía sentirse feliz si conseguía viajar. Al fin, tras las veintinueve horas de tren, estábamos en Klagenfurt. Y encontramos la posibilidad de ir a Salzburgo. Tras numerosas peripecias conseguimos llegar a nuestro hogar.

»Primero viví en la casa de mis padres. Después nos retiramos al campo. Cogí mis partituras y me enfrasqué en la música, siguiendo un horario estricto, como cuando aprendí el italiano. Estudié nueva música, pero también repasé a fondo todas las composiciones que había dirigido en los años anteriores. Escaseaba la comida y nadie se preocupaba de nosotros. Pero estaban las partituras, estaba la música. Y cuando aquella época quedó atrás, yo me encontraba mejor preparado que nunca para las tareas que me esperaban.»

Karajan habla aquí, expresamente, de la autodisciplina. No conozco a otra persona que pueda hablar con mayor competencia sobre este tema. A Karajan no le preocupa cuál pueda ser el motivo desecadenante de un examen. Sí, en cambio, explica cómo se puede superar con éxito tal eventualidad. Fijándose una tarea y realizándola con perseverancia. Cuando aquel momento de prueba ha pasado —todo pasa en la vida—, uno ha sido fructífero y ha aprovechado el tiempo. Eso es lo que Karajan afirma y demuestra con sus propios hechos. Primero, porque uno no se ha rendido. Segundo, porque se ha enriquecido. Con conocimientos, con nuevas vivencias.

De igual manera que aborda con sobriedad y sin pretensión alguna el tema, Karajan habla ahora, con brevedad y sin formular acusaciones especiales, sobre la época en la que estuvo «prohibido» mientras muchos de sus colegas se empeñaban con todas sus fuerzas en reiniciar lo más rápidamente posible el despegue. «Me niego en redondo a preguntarme si aquella pausa impuesta fue una especie de penitencia.» Conscientes de que muchos lectores quieren conocer más íntimamente no sólo al músico Karajan, sino al hombre Karajan, comprendimos que no se podían evitar determinadas preguntas sobre la situación posterior a 1945. Naturalmente, procuramos que su formulación no resultara dolorosa y lacerante. Karajan las respondía con su peculiar rapidez, de forma directa y como si se tratara de cuestiones normalísimas. Al fin de cuentas, había convivido con ellas durante cuarenta años.

«Me parecía que determinadas instancias no estaban legitimadas para juzgarme. Había habido una guerra sobre la que nadie podía emitir una sentencia irrevocable. Y los que debían decidir si yo dirigía o no eran personas de las que yo sabía demasiado como para poder reconocerles como instancias decisorias. Yo sabía bastantes cosas sobre sus profesiones privadas. Veía cómo se comportaban. No quería su gracia, mendigada constantemente por otros. Siempre estuve convencido de que se trataba sólo de un período transitorio. Sabía que la situación cambiaría. Y que yo podría volver a trabajar. Así que me negué a tomar parte en el teatro general.

»Hoy tengo la convicción de haber actuado de forma correcta. Porque ¿qué salió entonces de los interrogatorios y de las incompetentísimas comisiones de investigación? ¿El derecho? ¿La verdad? ¿Qué desvelaron aquellas investigaciones? ¿Quién sacó provecho de ellas? Se presentaban documentos y se invocaban declaraciones de testigos. Y había contradocumentos y contratestigos que declaraban. La mentira hizo acto de presencia en casi todos los casos, como se puede demostrar hoy. Porque las sentencias dictadas entonces, han resultado insostenibles. Sería un error, pensé entonces, presentarse ante un tribunal y afirmar que se es inocente. Naturalmente, también lo contrario era equivocado y carente de sentido.

»El oficial americano del teatro, Peter Passeti, me mandó llamar y me preguntó por qué no había acudido a él para conseguir permiso para actuar en público. No sé si entendió mi actitud, si comprendió por qué no había hecho cola ante su despacho para mendigar. Pero consideré que aquélla era la única actitud que yo podía adoptar para sobrevivir. Guardé silencio y me ocupé en la música. Así, cuando, posteriormente, di mi primer concierto en Viena, pude evidenciar más madurez y penetración que antes. Y la primera actuación pública con los filarmónicos de Viena fue una vivencia maravillosa.»

La primera invitación para dirigir un concierto le vino de Viena. El concierto estaba fijado para enero de 1946. Si los escasos seis meses hubieran sido todo el período en que Karajan estuvo prohibido, se podía entender fácilmente la actitud de éste. Pero aquel primer concierto en la Gran Sala de la Musikverein no significó el final de la prueba; sólo su momentánea interrupción...

Inmediatamente antes del concierto, Karajan tuvo que dirigirse al Hotel Imperial con el concertino de la orquesta. Se encuentra el mencionado hotel entre la Musikverein y la Ringstrasse. Servía de cuartel general a las fuerzas de ocupación soviéticas. Fritz Sedlak, concertino y director de un renombrado cuarteto, había aprendido ruso durante su cautiverio en la primer guerra mundial. La orquesta sacaba provecho de estos conocimientos de Sedlak. Los filarmónicos de Viena siempre supieron aprovechar al máximo las habilidades de sus miembros, en beneficio de toda la orquesta.

«Nos encontrábamos en el hotel, en la comandancia, a las nueve de la mañana. La conversación se prolongó hasta la una del mediodía. Naturalmente, no fue un conversación, sino un interrogatorio. Acerca de mi pasado, ¿nazi o no nazi? El oficial hablaba y hablaba. Sedlak respondía sin dirigirse a mí para nada. Tuve que limitarme a estar sentado. De cuando en cuando me enteraba de qué discutían. No tuve la menor posibilidad de aportar algo a la conversación. Por fin, a la una de la tarde, Sedlak dijo lo que yo había esperado durante horas: "Permítame decirle que esperamos ahora su decisión. ¿Se celebra el concierto dentro de dos horas o no? Si hay que suspenderlo, tendremos que poner un anuncio en la puerta y devolver el dinero." A aquellas palabras siguió un escueto "Sí" del oficial. Sedlak había ganado. Se pudo celebrar el concierto. Yo sólo tuve tiempo para cambiarme de traje en la Musikverein.

»Fue un concierto maravilloso. Tocamos una sinfonía de Haydn, *Don Juan*, de Richard Strauss, y la primera sinfonía de Johannes Brahms. Pero se quedó en un único concierto. Se anunció inmediatamente otro, pero los rusos lo prohibieron. No hubo motivo alguno para tal prohibición. Sólo rumores que se propagaron por toda Viena.

Eliette y H. von Karajan en el baile de la Ópera de Viena

Las fuerzas de ocupación no habían llegado a un acuerdo sobre un tema importante, no de orden cultural, en una de sus reuniones conjuntas. Cuando, al final, se habló de cultura, el representante de las fuerzas americanas de ocupación dejó caer mi nombre, y el representante de las fuerzas de ocupación soviéticas volvió a responder con un airado *"njet"*. Así, pues, no se debatió mi "caso", no se discutió. Se me declaró prohibido. Con una sola palabra dicha de forma marginal en una reunión. Los filarmónicos, que debieron suspender su concierto en el último minuto, estaban consternados. Enviaron a Sedlak para que hablara conmigo. Éste se confesó desconcertado. No sabía qué hacer para salir del atolladero. Pero yo dije a la orquesta: no se preocupen. Tendremos numerosísimas oportunidades de hacer música juntos.»

Continuó la música, la política y las disensiones que recuerda Karajan porque le ligaron definitivamente a Viena y a la Sociedad de los Amigos de la Música: se convirtió en su director artístico vitalicio, y aprovecha cuantas oportunidades se le presentan para subrayar su vinculación a esa Sociedad. Ésta se tomó la revancha permaneciendo fiel, leal y agradecida a Karajan. Desoyó todas las discusiones tejidas durante décadas en torno a su director artístico. Se esforzó en satisfacer los deseos de éste y en reconocer su persona como la última instancia en todas las cuestiones. Los dos presidentes y los dos secretarios generales que han dirigido la Sociedad desde el final de la segunda guerra mundial fueron los más fieles amigos de Karajan en todas las situaciones. Y el maestro ha honrado tal fidelidad.

«Efectivamente, pronto volvimos a hacer música juntos, también para provecho financiero de los filarmónicos. Pero no en público. Para mi primer concierto se había trasladado a Viena Walter Legge, de la casa Columbia. Deseaba hacer grabaciones discográficas con nosotros, y dispuso los requisitos jurídicos necesarios para tal colaboración. Su sociedad no estaba entonces en condiciones de firmar contratos con austriacos. Así que se creó una filial propia en Suiza, y ésta pudo contratarnos a los filarmónicos de Viena y a mí. Es fácil imaginar que aquello nos trajo no sólo la dicha de poder hacer música juntos, sino también una primera seguridad financiera; en francos suizos. Trabajamos a conciencia y mucho, compaginamos las fechas de las grabaciones con las restantes obligaciones de los filarmónicos, y, siempre que era posible, nos encontrábamos ante los micrófonos de la Gran Sala de la Musikverein.

»En un primer momento, pareció que no iba a poder convertirse en realidad el proyecto de Legge, pues protestó la fuerza británica de ocupación. Pero intervino el entonces presidente de la Sociedad, Alexander Hryntschak, y declaró que el poder de ocupación no tenía posibilidad de dictar prohibición alguna. Dijo claramente: ''Ustedes pueden prohibir que Herbert von Karajan actúe en público, pero el resto de lo que hagamos en nuestra casa es cosa nuestra, escapa a las competencias de ustedes. Tampoco pueden impedir ustedes que el señor Von Karajan se siente en el palco de dirección como nuestro directo artístico.''

»Hacía falta entonces mucho coraje y valentía para pronunciar tales palabras. Jamás he podido olvidar esta valerosa postura del presidente Hryntschak, fallecido hace ya mucho tiempo. Y tampoco puedo olvidar que la Sociedad me nombró vitalicio director de conciertos en 1947, fecha todavía muy crítica. Algo que no tiene parangón. Me precedieron como directores de concierto Herbeck, Richter, Hellmesberger y Johannes Brahms. Dentro de la Viena musical, es éste un puesto del que uno puede sentirse orgulloso durante toda la vida.»

Parte de las conversaciones que han hecho posible este libro tuvieron lugar en la Musikverein, Karlplatz. En el parterre, junto al salón de reuniones de la dirección, hay una dependencia a la que se denomina el cuarto del *chef*. Es reducido e irrelevante. Hay en él un piano, un banco y un sillón que el ex secretario general de la Casa, Rudolf Gamsjäger, consideró inservible y mandó retirar de su despacho. Los ocasionales visitantes, que esperan encontrar en el más venerable centro musical de Viena y, sobre todo, en el cuarto oficial de trabajo de Herbert von Karajan, un aura de lujo, se sienten decepcionados. El señor Von Karajan vive rodeado de sobriedad. Efectivamente, ha pasado la mayor parte de su vida laboral en los mayores y más caros teatros operísticos del mundo, y en las salas de concierto más elegantes, pero él nunca ha dado importancia al lujo personal. Cuando se le sigue la pista, se le encuentra en un entorno extremadamente espartano, y se percibe el desinterés de Karajan por la ostentación. Jamás ha hecho un despliegue de magnificencia para impresionar a sus interlocutores o a quien iba a negociar con él. Él está por encima de la improvisada decoración de las dependencias que utiliza desde los primeros años de la posguerra. Su piano debe estar bien afinado. Él y sus interlocutores deben tener a su disposición un sillón. Herbert von Karajan nunca desea más que eso.

Esto me parece característico de un artista al que se ha calificado con mucha frecuencia como «abusivamente caro» y se le ha incluido

Con Jean Cocteau, que intercedió en favor del maestro
en la Ópera Nacional de Viena

entre la *jet-set* internacional. De todos los directores o *maestri* que he conocido, él es el único al que repugnan los símbolos de un alto *status*. Es el único para el que no hay que decorar un cuarto de artistas especial en ninguna sala de conciertos. Es el único que vivió y nunca ha olvidado los malos tiempos de la Musikverein; que calificaría de ostentación absurda gastar dinero para amueblar de nuevo su cuarto de trabajo. Valora la comodidad, y sabe que determinadas calidades son imprescindibles para poder rendir en el trabajo. Pero el lujo no encierra calidad alguna para él, en el contexto que nos ocupa.

Cuando recuerda sus viejos tiempos en la Musikverein, emergen de nuevo las imágenes de los interminables ensayos con la Singverein de la Sociedad y su dilatada colaboración con los sinfónicos de Viena. Y, por supuesto, Wilhelm Furtwängler, que residió en Viena después de la guerra. «Era yo ya director de concierto cuando Furtwängler dirigió su primer concierto con la Filarmónica después de la segunda guerra mundial. Jamás olvidaré cómo esperaba él, antes del concierto, en la dependencia de los artistas. Se había anunciado una manifestación, y alguien llegó a hablar en la sala en contra de que Furtwängler actuara. Llegaron a producirse todas las protestas esperadas, y Furtwängler, que siempre fue un individuo inseguro, no sabía como comportarse. Le dije: "Señor doctor, no se tome a pecho todo esto. Súbase al podio y dirija. Y se acallarán las protestas".»

Y Karajan, que consiguió que lo contrataran como colaborador artístico de los festivales, pero que no pudo dirigir, se declaró dispuesto a convencer a Furtwängler, en nombre de los festivales, para que dirigiera también en Salzburgo. «Era una persona extraordinariamente indecisa. Jamás supo qué responder a mis apremios. Le pedí una respuesta definitiva. Pero lo dejó todo en la penumbra. Volví a intentarlo en el invierno de 1947. Me encontraba en Arlberg y me enteré de que Furtwängler iba de camino a Zurich. Así que le telefoneé y le supliqué que me escuchara al pasar por Arlberg, y que tomara definitivamente una determinación. Era pleno invierno. Hablamos y hablamos, y Furtwängler volvió a mostrarse tan irresoluto como siempre. Como preguntara qué ópera le darían en Salzburgo y yo le respondiera que *Fidelio*, se rindió y dio una respuesta afirmativa. Recuerdo tan perfectamente aquel viaje y la conversación porque descendí y volví a casa a pie pasando por Arlberg. Y me pilló una impresionante tormenta de nieve. Tuve que orientarme por los postes con los que habían marcado la carretera. Pero en alguna parte marcaron mal, me alejé del camino y estuve a punto de extraviarme. Me salí de la carretera y cuando volví —¡por fin!— a dar de nuevo con ella, venían ya a mi encuentro miembros de una cuadrilla de búsqueda a los que habían mandado para socorrerme. Si yo no hubiera tenido entonces una preparación física tan buena, y si la suerte no me hubiera echado una mano, podría haberme congelado como consecuencia de mi esfuerzo para ganar a Furtwängler para los festivales de Salzburgo.»

Como de pasada, Karajan rememora aquellas anécdotas que permiten hacerse una idea de la relación especial entre él y su gran rival de otro tiempo. Tras varias décadas en las que se habló de esa rivalidad y en las que Karajan no hizo comentario alguno, la voz del maestro delata un leve toque de ironía y de sentimentalismo cuando habla de Furtwängler. Narra historias en las que se pone de manifiesto que él valora al director y al hombre de manera distinta que los fanáticos seguidores de éste. Pero Karajan no pretende jamás hacer leña del árbol caído. No cae en la tentación de hablar mal sobre un colega que fue importantísimo en otro tiempo y con el que estaría dispuesto a convivir profesionalmente. Efectivamente, hay mucho sentimiento en las palabras de Karajan cuando habla de Furtwängler. Esta afirmación vale, al menos, para el año 1987, cuando siguen apareciendo libros que quieren evocar viejos resentimientos. Karajan no da pie a tales deseos. No hay que esperar que él haga su propia aportación a esta fiebre.

Ciertamente, sería comprensible que Herbert von Karajan se hubiera mantenido a cierta distancia del director que fue siempre para él un obstáculo manifiesto. Karajan admite no haber encontrado jamás una buena base de entendimiento con Furtwängler. Y no olvida que, incluso después de la guerra, se topó con constantes barreras siempre que se encontró en un ámbito que Furtwängler consideraba como precio suyo. En los festivales de Salzburgo, para los que Karajan había conquistado a Furtwängler, se negaron producciones operísticas a Karajan. La negativa se produjo de forma súbita. Al poco de que Furtwängler interviniera en los festivales. Sólo tras la muerte de Furtwängler se recuperó —inmediata y permanentemente— a Karajan para su ciudad natal. También los filarmónicos de Viena se plegaron a las exigencias de su director principal, Wilhelm Furtwängler, y renunciaron durante mucho tiempo a tocar conciertos con Herbert con Karajan. Éste sacó las consecuencias, y trabajó tan intensamente con la Sinfónica de Viena que un ciclo Karajan en la Musikverein y una serie de grandes invitaciones para viajar por el extranjero convirtieron el período de Karajan en la fase más brillante de la historia de la Sinfónica de Viena.

En ensayos, o en conversación con varios testigos, Karajan se limita a contar pequeñas anécdotas sobre su gran rival. Cuando desempolva recuerdos más graves, se muestra reservado. Procura ser cortés con la memoria de un músico cuya genialidad creadora nunca puso en tela de juicio.

«En Salzburgo nos veíamos en el verano. Furtwängler vivía en un pequeño hotel que se encontraba sobre el cine Mozart, en la Kaigasse. Recuerdo que comimos juntos en cierta ocasión. Había gran tensión. Hasta que conté un chiste en el que otro director no salía demasiado bien parado. Furtwängler soltó entonces una sonora carcajada y se tornó más jovial. Pero no se puede hablar de una buena base de entendimiento. Supe que preguntó a voz en grito en Salzburgo: "¿Es que tiene que dirigir aquí siempre ese Karajan?" Al verano siguiente le encargaron dos óperas. Un año después obtuvo incluso la producción de tres óperas, mientras que ya no había sitio para mí.

»A pesar de todo, esos recuerdos pertenecen a un lejano pasado. Pretérito y olvidado. Furtwängler era una persona más bien indecisa en casi todo. Por ejemplo, a la hora de confeccionar los programas de los conciertos, se preguntaba una y mil veces si no convendría cambiarlos. Su indecisión era tal que no se podían imprimir a tiempo los carteles anunciadores ni los programas de mano. Rudolf Effenberger, el legendario conservador del cuarto de los artistas de la Musikverein, le dijo en cierta ocasión: "Señor doctor, ¿por qué se excita? Desde ahora haremos lo siguiente: usted viene al cuarto de los artistas antes del concierto y me dice lo que va a tocar. Entonces salgo yo al escenario y se lo comunico al público. Y es suficiente para todos." Por supuesto, Furtwängler no se comportó de otro modo en Salzburgo. Cuando se confeccionaba una nueva programación, él se preocupaba muchísimo por lo que diría el clero al respecto. A mí me resultaba incomprensible tal preocupación. ¿Por qué tenía que ocuparse de los programas de los festivales el clero de Salzburgo? Pero así era Furtwängler. Y sus muchas cartas y artículos demuestran que él mismo se complicaba demasiado la vida.

»A pesar de nuestra rivalidad, tengo buenos recuerdos de él. Le debo mucho como músico. Aprendí muchísimo en sus ensayos y conciertos. Posteriormente me encontré con muchos profesores de orquesta que habían pasado por la escuela de Furtwängler. No sólo eran unos músicos excelentes, sino que me hablaban de Furtwängler y me confesaban que yo siempre lo había valorado correctamente como músico. Quise incorporar a mis conciertos toda la genialidad artística que él poseyó. Y pienso que lo conseguí en buena medida.

»No hay que tomar al pie de la letra eso de que yo le resultaba insoportable por el simple hecho de ser más joven. Furtwängler era bastante vulnerable e inestable. Recuerdo haberle oído confesar una vez en la Musikverein que le resultaba imposible dirigir un mismo programa durante cuatro tardes sucesivas. El secretario general trató de salvar al menos dos de los conciertos, y Furtwängler dijo que se podía hablar de eso. Una vez más quedó todo en suspenso. Pero el tiempo apremiaba. Gamsjäger cogió el teléfono y, después de preguntar a muchos directores, dio finalmente con Eugen Jochum, que tenía libres aquellas fechas. Jochum se comprometió a dar los conciertos y se encargaron los carteles. Llegó la primera tirada al teatro y la llevaron a las dependencias del secretario general. Pasé por allí Furtwängler, vio el esbozo de los carteles, y se mostró indignado. "¡Qué rápidamente se ha consolado usted!" No entendió que no se podía renunciar a los conciertos. Ni que se buscara a otro director. Le sentó mal que, al renunciar él, se buscara un sustituto.»

Karajan admite de plano que la rivalidad de Wilhelm Furtwängler le hizo bien a él. Le empujó a salir al extranjero en el momento oportuno, a entablar relaciones con otras orquestas. Por ejemplo, con la orquesta que Walter Legge estaba creando en Londres para poder producir más discos. «Legge puso la primera piedra de esta orquesta durante la guerra. En Inglaterra, todo músico de orquesta que volvía del frente con permiso tenía obligación de comunicar su vuelta y de estar disponible para dar conciertos. Durante la guerra se organizaban conciertos todos los domingos. El *ensemble* cambiaba constantemente. Pocos ensayos bastaban para alcanzar un nivel excelente. Y Walter Legge fue tomando nota de los diversos músicos. De esa forma confeccionó una lista de los mejores músicos. Los reunió después de la guerra. Él fue uno de los organizadores de aquellos conciertos dominicales. Y observó que una de las especialidades británicas era la de poder tocar, sin previo ensayo, composiciones con un alto grado de dificultad. Completó su lista. Después de la guerra, surgió como por encanto un *ensemble* aparentemente perfecto, con leve déficit de acoplamiento.

»Cuando Legge me invitó a colaborar en la formación de la orquesta, la tarea resultaba atractiva. Partimos de lo que se podría llamar la hora cero. Ni siquiera había un nombre para el *ensemble*, pero

Karajan con el secretario general de los festivales, Tassilo Nekola,
y con Bernhard Paumbartner, presidente de los festivales

sí catorce ex concertinos a los que se contrató como violines primeros. Efectivamente, todos ellos habían sido antes concertinos, pero quería quedarse ahora en Londres. Había también dos norteamericanos que no deseaban volver a su país.

»Naturalmente, en principio se piensa que tan elevado nivel técnico es una bendición para la calidad de una orquesta. Sin embargo, caímos en seguida en la cuenta de que representaba, más bien, una complicación. Un violinista que ha actuado como concertino ha adquirido determinadas cualidades de mando de las que ya no puede desprenderse. Le resulta casi imposible ocupar el tercer o cuarto atril y dejarse dirigir por otro colega. Consideré como un excitante reto la tarea de conseguir con aquellos músicos un conjunto que no se limitara a ser el resultado de una maquinaria en perfecto estado.

»La Philarmonia Orchestra fue técnicamente perfecta desde un principio. Durante mi viaje para el primer ensayo no las tuve todas conmigo. Debíamos tocar *El Caballero de la Rosa*, y no me cabía en la cabeza que pudiera salir bien. Legge me tranquilizó, y estuvo en lo cierto. Comenzamos por la obertura, y no hubo necesidad de interrumpir ni un momento. Por otro lado, la orquesta tenía unas limitaciones insuperables. Limitaciones que me facilitaron posteriormente mi desvinculación. Una vez estudiada una composición con los músicos, uno sabía exactamente cómo sonaría en el concierto. Siempre se repetía la calidad alcanzada en los ensayos. De eso no había duda. Pero no cabía esperar que los músicos se superaran en el concierto. Tal eventualidad les resultaba inconcebible.

»Se me ocurre una comparación. A los músicos de Londres les ocurría lo mismo que a una orquesta compuesta por jóvenes. Se pueden conseguir ensayos estupendos. Todos los jóvenes músicos dominan sus instrumentos y se entregan a la tarea. Pero, en el concierto, tocan con el mismo entusiasmo que en el ensayo. Son incapaces de superarse. Bien sé de lo que hablo, porque los filarmónicos de Berlín y de Viena son, precisamente, lo opuesto. Tienen ensayos estupendos conmigo, pero siempre se superan algo en el concierto vespertino. Siempre logran algo que no se había oído ni detectado en los ensayos. Musicamos con unos matices que nunca conseguí escuchar en Londres.

»A pesar de todo, durante largo tiempo me sentí fascinado por la experiencia de Londres. Produjimos discos y más discos e hicimos giras. Hasta que terminamos por emprender cada uno nuestro propio camino. El paulatino deterioro de nuestra relación comenzó a exteriorizarse en cicateros reproches de los músicos. Opinaban que, tras el concierto, no hacía suficientes inclinaciones en el podio, y que de ese modo enfriaba los éxitos de la orquesta. Me resultaban incomprensibles todos aquellos reproches. Mi interés se centraba en los ensayos y en los conciertos. Nunca tuve afición a desencadenar aplausos tras un concierto. Además, hubo otras razones más importantes que me llevaron a dejar la orquesta londinense. Me llegaron proposiciones de los festivales de Salzburgo, de la Ópera Nacional de Viena, de los filarmónicos de Berlín. Walter Legge me preguntó entonces si quería acapararlo todo. Y le respondí que deseaba una orquesta que fuera para mí como una pared en la que pudiera recostarme siempre. Legge comprendió que no podía ofrecerme tal cosa. Nos separamos y seguimos siendo amigos. Yo había sacado gran provecho de él y de su orquesta. De eso no había duda.»

Durante un viaje con la Philarmonia Orchestra y con Clara Haskil le preguntaron a Karajan, primero veladamente y después de forma abierta, si quería volver a Salzburgo. Primero se habló de una ópera; posteriormente, de varias. Finalmente, Oscar Fritz Schuh y el barón Puthon, presidente de los festivales, le expusieron lo que deseaban saber: le confesaron que los festivales desearían contratarlo como director artístico, pero que temían su carácter de «dictador». Cuando Karajan recuerda aquel momento no puede por menos que esbozar una sonrisa. «Respondí rápidamente a aquella pregunta: ''Seré un dictador.'' Conocía perfectamente la situación de los festivales del Salzburgo. Un comité se encargaba de aprobar la programación, y así debería seguir siendo. Yo propuse presentar cada año una programación para el verano siguiente, con la intención de someterla a la aprobación del comité. En realidad, así se funcionó en tiempos de Bruno Walter, de Arturo Toscanini y de Wilhelm Furtwängler. Y así fue también al principio de mi actuación. Hasta la inauguración del Gran Teatro de los Festivales no hubo dificultades dignas de tal nombre. Terminé por renunciar al puesto, ya que no me convencían los detalles de una planificación de los festivales, y porque comencé a detectar qué andadura quería emprender el juicio de la opinión pública: cuanto había de bueno y exitoso en Salzburgo era un éxito del festival. Y se me culpaba a mí de cuanto no funcionaba. En el fondo, nada de esto ha cambiado hasta hoy. Hay un comité, del cual yo soy miembro, y siempre que pasa algo en Salzburgo se me utiliza a mí como chivo expiatorio. Casi no recuerdo que las decisiones acertadas del comité se hayan relacionado conmigo.»

Con Rudolf Gamsjäger, durante muchos años secretario general de la Sociedad de los Amigos de la Música y posteriormente director de la Ópera Nacional

Pero si se profundiza un poco más, se verá que se han producido muchos cambios en los festivales de Salzburgo. Y es Herbert von Karajan en persona el que se compromete más intensamente, quien con más insistencia apremia para que se reúna el comité y quiere obtener información sobre la contratación de cada artista o sobre los detalles de los contratos. Él no lo dice, pero parece ser ésa su respuesta personal a la responsabilidad que le asigna el público: la acepta. Y la acepta con todas sus consecuencias. Eso significa que, incluso cuando la opinión pública hace cábalas sobre su estado de salud, él encabeza una «delegación» que va a ver a la recién nombrada ministra de Cultura y Arte y le expone las necesidades financieras de los festivales y las consecuencias que un recorte de los presupuestos tendría para su programación. Nadie se entera de tales gestiones. En ninguna entrevista sensacionalista se informa de ello. Pero los festivales de Salzburgo pueden tener la seguridad de que durante los próximos años recibirán la subvención que el comité había conceptuado como necesaria. Pero lo más que llega a saber la opinión pública es que Herbert von Karajan ha estado ensayando y grabando conciertos en Viena. Tampoco Herbert von Karajan tiene interés en que se filtre más información a los medios de comunicación. Gastar energías en negociaciones para salvar el presupuesto es parte de su tarea como miembro del comité...

Los amigos de una información más detalladas disponen de varias colecciones sobre la actuación de Herbert von Karajan. Si se observa atentamente, son esenciales en este libro las fechas que Karajan no menciona. No es que las haya olvidado. Sencillamente, no las menciona porque las considera como algo perteneciente por completo al pasado. La época en que está de gira con la Philarmonia Orchestra es también el tiempo en que vuelve a hacer música en Berlín y Viena, en el que conquista en la Scala de Milán una aureola con la que no había sido distinguido hasta entonces: el aura de un director verdaderamente relacionado con la gran ópera italiana y con los grandes intérpretes de ese país. Karajan conoció a Víctor de Sabata durante la guerra, y todavía hoy se siente fascinado por la musicalidad y por la inaudita memoria musical de su colega, que siguió siendo para él un amigo fiel incluso después de la guerra. Vuelve a verlo en Milán y admira las interpretaciones de música alemana hechas por Sabata aún más que la *italianità* de la que bebe en la fuente, en la colaboración con los cantantes y músicos de la Scala de Milán.

Ya antes de ocupar sus grandes puestos, Karajan ha estado en todo el mundo, ha dirigido en las ciudades más importantes del planeta Tierra y ha dejado su huella. Finalmente, cuando llega el tiempo de la cosecha, encontramos una fecha que Herbert von Karajan recuerda todavía hoy. «Estábamos en Italia cuando nos enteramos de la muerte de Furtwängler. Primero fue un telegrama anónimo. La noticia apareció después en los periódicos. Entonces llegaron también los primeros sondeos de los filarmónicos de Berlín, que deberían haber viajado a América con Furtwängler. Simultáneamente llegó una llamada telefónica de Nueva York. El empresario de una agencia americana de conciertos me hizo saber que me esperaba como director de orquesta de aquella gira. Me comunicó su decisión de renunciar a la *tournée* si no conseguía que colaboráramos la Filarmónica de Berlín y yo. Pero estaba aún en vigor mi contrato con la Scala, y tuve que comunicar a mi amigo Ghiringelli que o comenzaba a preparar las *Walkyrias* con él o me trasladaba a Berlín como *chef*. Le hablé con toda claridad y le hice saber que él debía decidir; que me quedaría en Milán si él decidía en este sentido. Pero Ghiringelli, que comprendía perfectamente lo que la oferta de Berlín significaba para mí, decidió liberarme del contrato. Y nunca he olvidado tal gentileza.

»Después vino la época de las negociaciones en Berlín. Yo había declarado a los representantes de la orquesta que no estaba dispuesto a ir a América con la Filarmónica si previamente no se me nombraba sucesor de Furtwängler. También me confirmaron ese punto. Aquello fue suficiente para mí. Pero me equivoqué, como he podido comprobar. Debería haber exigido entonces la confirmación inmediata. Pero me sentía demasiado dichoso, demasiado embriagado por la idea de dirigir a esta magnífica orquesta. Comencé los ensayos en Berlín; mientras, pasaban los días y el contrato no llegaba. Cuando, al undécimo día, me decidí a preguntar qué había del contrato, me respondieron con evasivas. Había caído enfermo un senador cuya firma se necesitaba. Otro se encontraba de viaje. De golpe, tuve la intuición de que aquel asunto no marcharía a mi gusto. Así que pedí audiencia al alcalde y le expuse mi problema: primero se me ha prometido todo lo que yo he pedido, y ahora me vienen con que prefieren ponerme a prueba. En esas condiciones no tengo ganas de hacer la *tournée*. Mi interlocutor —no en vano era un político importante— comprendió inmediatamente la situación y preguntó sonriendo qué pasos se podían dar aún. Le hice una sugerencia y él la aceptó. Dio una conferencia de prensa. Se me preguntó públicamente en ella si

Al finalizar un concierto en la Musikverein

estaba dispuesto a hacerme cargo del puesto de director artístico de la Filarmónica de Berlín a la vuelta del viaje a América. A la pregunta de Reutter respondí simplemente: "Con mil amores." Con tales presagios emprendimos nuestra primera gira conjunta. El asunto quedaba completamente zanjado por mi parte.»

«Es bien cierto —admitirá Herbert von Karajan varias décadas más tarde—, que hemos vivido un feliz y dilatado matrimonio la Filarmónica de Berlín y yo. Pero no lo es menos que algunos nubarrones han empañado ocasionalmente nuestra convivencia.» En 1987 las discusiones se terminan. Los filarmónicos berlineses se pliegan a la realidad y son de nuevo la orquesta de Karajan. Antes de esa fecha hubo intercambios de notas oficiales. Los músicos debieron meterse en la cabeza que Karajan podía liberarles de sus obligaciones y despedirlos. Y habían intentado apearse de los contratos que les ligaban con él. Acalorados fueron los comentarios hechos sobre aquellas enconadas disputas. No favorecían al director ni a la orquesta. Se vio clarísimamente que las cuestiones artísticas y económicas estaban estrechamente entrelazadas, y que los filarmónicos de Berlín habían sopesado muy cuidadosamente aspectos artísticos y comerciales cuando se declararon dispuestos a colaborar con su *chef* vitalicio.

Pero Karajan considera que las raíces de las disensiones que emergieron mucho más tarde se encontraban en las primeras negociaciones contractuales. «No obtuve mi contrato cuando volvimos de América, sino dos años después. Creaba dificultades lo de "vitalicio", y se decía que una fórmula como aquélla no podía tener cabida en un contrato. Por mi parte, comenté que también cabía la posibilidad de presentarme a la firma un contrato para noventa años. Por fin, los abogados acudieron a mí para comunicarme que tendría el contrato del que Furtwängler gozó. Pero aquello no fue toda la verdad. Aunque estaba dispuesto que el alcalde, de acuerdo con el director artístico, nombraría y despediría al respectivo intendente de la orquesta, en mi contrato se había suprimido, como supe posteriormente, el término «de acuerdo con», introduciendo en su lugar «notificación», que no significa nada en la práctica: sólo que se me tenía que notificar la decisión en cada caso. Cuando me enteré de este detalle sentí una profunda consternación. Eso significa —y así se lo hice saber a los senadores— que mi contrato es puro papel mojado con el que se puede hacer lo que se quiera. Me mintieron ya entonces. Así de sencillo. Ahora es demasiado tarde para discutirlo de nuevo. Además, carece de sentido. Yo estaba absolutamente obsesionado con tener esa orquesta, porque me fascinaban sus cualidades y porque sabía hasta dónde podía llegar con ella. Sólo un motivo me hacía desear un contrato vitalicio: quería dedicar mucho tiempo a la orquesta, para que llegara a sintonizar plenamente conmigo. Quise impedir desde un principio que algún nuevo senador pudiera poner fin a nuestra común labor. Y los hechos han venido a darme la razón. La orquesta y yo llevamos tres generaciones juntos, y sólo esa comunión mantenida durante décadas nos ha hecho tan grandes. Cuando las desavenencias estallaron, dije alto y claro en Berlín que las negociaciones iniciales se construyeron sobre el engaño. Pero también debo decir que la orquesta fue durante décadas lo que yo había soñado. Fue el muro en el que siempre pude y puedo recostarme.»

No debe olvidar el lector que un hecho capital tiñe las actuales consideraciones de Herber von Karajan sobre el trabajo con «su» *ensemble*: prácticamente están cortadas todas las relaciones que él tuvo en otro tiempo con instituciones diseminadas por todo el mundo. Cuando, finalmente, encontró la posibilidad, Karajan obró con lógica, concentró su campo de trabajo: no lo extendió, sino que lo estrechó. Comenzó a poner en práctica tal medida no cuando las operaciones y enfermedades le obligaron a renunciar a rápidos e incesantes viajes, sino cuando se encontraba aún en eso que se ha dado en llamar «el cenit de su poder». Karajan mismo tiene verdadero interés en recordar que casi no ha dirigido una orquesta «extranjera» desde hace varias décadas. «Llegué a caer en la cuenta de que no merecía la pena hacer un despliegue de actividad que pudiera crear tensiones entre un *ensemble* y yo. Supe que había pasado la época de colaborar con muchos *ensembles*. Me había enriquecido con numerosas experiencias positivas, y sé que podría volver a trabajar hoy con cualquier orquesta de categoría. Efectivamente, se puede hacer buena música con ellas. Pero yo mismo quebré esa línea. Y ya no me permiten esa colaboración con diversas orquestas ni mi estado de salud ni la necesidad de concentrarme para llevar a cabo mis propios planes. Sin duda, me gustaría mucho poder dirigir un día a la Filarmónica de Leningrado. Estoy plenamente convencido de que nos entenderíamos muy bien y conseguiríamos fabulosos resultados. Pero no dispongo de fechas libres para tal colaboración.»

Las frases de Karajan que desgranan tales consideraciones no rezuman excesiva resignación. Y es que tal postura anímica nunca ha caracterizado al maestro de Salzburgo. Ni siquiera da la impresión de resignado en los días en que tiene que imponerse una gran auto-

Ensayando bajo la tenue luz del escenario. *(Foto EFE)*

disciplina para una conversación o para trabajar en un filme musical; simplemente, parece más concentrado, más decidido a sacar lo mejor de su estado, a avanzar un paso más, sin asustarse por el esfuerzo requerido para ello.

Permítase al interlocutor repetirlo una vez más: Herbert von Karajan parece disponer de un inagotable potencial volitivo. Y esa voluntad apunta hacia una única meta: a la presentación más completa y perfecta posible del importante repertorio interpretado por Herbert von Karajan en conciertos, discos y filmes musicales. Quiere salvaguardar en ellos algo que, en opinión del salzburgués, la actual generación de directores de orquesta no domina. En numerosas ocasiones, Karajan, al considerarse el último sobreviviente de los antiguos maestros de capilla, indica que debe transmitir y preservar a su manera algo de la música que no existirá ya así cuando él suelte definitivamente la batuta. Por supuesto que admite que también entonces habrá música y músicos, y que proseguirá la evolución, renunciando en todo momento a hacer valoraciones despectivas sobre lo que vendrá después de él.

Cambios profundos se producirán a lo largo del tiempo. Y todo el que desee ver y escuchar los documentos sonoros de Karajan, podrá apreciar también la diferencia.

«Sigue fascinándome el proceso que representa el dirigir, la transmisión de una voluntad especial a la orquesta. Pero es un capítulo cerrado, que nunca volveré a experimentar. Junto a mi absoluta seguridad de que podría lograr resultados grandiosos con músicos rusos, quiero recordar que establecí rapidísimamente el contacto con músicos americanos. En los festivos de Salzburgo dirigí una vez la orquesta de Cleveland. Eran aún los tiempos de George Szell, al que tanto admiré como músico y como director de orquesta. Tenía fama de ser un *chef* desagradable y cáustico. Cuentan que su orquesta sufrió bastante a causa de sus ácidas observaciones. Yo sólo conocí su lado amable, agradable. Recuerdo aún que, media hora antes del primer ensayo de la orquesta en Salzburgo, me pidió que le concediera media hora de conversación. Parloteamos sobre cosas intranscendentes. Comprendí más tarde que, empeñado siempre en inculcar una puntualidad absoluta a su orquesta, él quiso estar seguro de que yo causara una impresión buena, puntual. E inmediatamente antes del concierto hizo un ensayo con el grupo de los chelos, ensayo que no consideré necesario, pero que impuso porque quería que me llevara la mejor impresión posible de sus músicos. También me confesó:

"Pensé que sería una catástrofe. Las intenciones de usted son diametralmente opuestas a las que yo tengo de la orquesta. Pero veinte minutos bastaron para que yo superara el pánico. La orquesta ha tocado para usted de forma completamente opuesta a como yo le suelo exigir".»

Y cuando Karajan cita nombres y califica a George Szell como buen director, cuando tiembla de emoción al recordar el fenómeno Víctor de Sabata, entonces se cae en la cuenta del significado que encierra para él su frecuentísima frase en la que dice que le habría gustado ser una síntesis de Furtwängler y Toscanini.

«En cierto sentido, me considero sucesor legítimo de Furtwängler. Éste solía dejar a su aire a la orquesta durante el concierto. Dudaba intencionadamente en los pasos y se resistía a llevar la dirección. Parecía desear el siguiente acorde de la orquesta, y esperaba. Los berlineses me han hablado en numerosas ocasiones de las aparentemente desamparadas miradas con que contemplaba a la orquesta y esperaba que siguiera tocando. Y los músicos seguían tocando para él.

»Pero sería descabellado permitir a la orquesta una libertad absoluta. Como tampoco tendría sentido mostrar con excesiva claridad a la orquesta dónde, por ejemplo, me gustaría una mayor lentitud. Los músicos detectan ya lo que va a suceder. Yo mismo tengo un *tempo* en mi cabeza mucho antes de que llegue un determinado pasaje de la composición. Sé de antemano lo que vendrá. Y los músicos reaccionan de forma adecuada, sin necesidad de un gesto ni de una mirada. Por el contrario, también yo detecto por anticipado cuándo va a ocurrir algo en la orquesta. Presiento cuando un músico tiene problemas con el aliento, y, en consideración a él, imprimo una mayor rapidez. Detecto con suficiente antelación el temor de un músico ante un pasaje delicado, y le ayudo a atravesarlo rápidamente. Los músicos me suelen comentar después de un concierto, confiesan que ha habido un momento delicado. Pero ya ha pasado el concierto, hemos dominado juntos la dificultad, y se tiene la sensación de que nos las arreglaremos de nuevo cuando se presente otra dificultad.»

¿Y Toscanini? «Practicaba la forma opuesta de hacer música. Le observé en innumerable ocasiones, y comprendí cuándo tenía sus tan cacareadas dificultades en los ensayos. Sólo sufría tales problemas en composiciones que adoraba. Cuando ensayaba una obertura de Rossini, se limitaba a tocarla de principio a fin. Se trataba de una música tan evidente para él que la orquesta entendía inmediatamente lo que el director quería. En cambio, cuando, por ejemplo, ensa-

Entrevistado a su llegada a Barcelona el 8 de mayo de 1972

yaba obras de Debussy, las frecuentes peloteras eran legendarias. Pienso que, por ejemplo, tenía una concepción sonora de "La mer" absolutamente irrealizable. Y le comprendo, porque también yo tengo enormes dificultades para escuchar lo que desearía oír en esta composición. A veces tengo la sensación de que todos buscamos en esta pieza algo que Debussy no escribió. Toscanini tenías serias dificultades en los ensayos cuando Beethoven estaba en su programa; en tales casos dudaba siempre, y siempre por amor a Beethoven. Sé de un ensayo en Viena en el que Toscanini comenzó a ponerse nervioso con su repertorio habitual. Terminó por arrojar al suelo la partitura, rompió su reloj, gritó a los músicos de la orquesta. Los filarmónicos, que ya conocían tales reacciones, estaban preparados para ellas: cuando Toscanini quiso celebrar la superación de su estallido y abandonar el ensayo, la orquesta había tomado sus medidas, cerrando las puertas que permiten salir del estrado. Cuando Toscanini intentó salir de la sala y se encontró con las puertas cerradas, comprendió que se había previsto su explosión de ira. Se acurrucó, como un niño, en un esquina; permaneció allí como unos dos minutos, y sintió vergüenza. Volvió después al podio y, sin decir palabra, reanudó el ensayo. Pero los filarmónicos de Viena tuvieron un segundo motivo de diversión: pusieron en la *loto* los números de las páginas de la partitura en que se interrumpió el ensayo, y se vieron agraciados por la suerte: les tocó lo que entonces se podía considerar como una gran suma de dinero. Se lo contaron a Toscanini, y la reacción de éste fue sorprendente: dobló el premio con dinero de sus honorarios. Me encanta esta anécdota porque dice mucho sobre el hombre y sobre el músico Toscanini. Era todo lo contrario a un individuo de malas pulgas. Sus arrebatos de cólera eran siempre la consecuencia de no poder escuchar la música que había soñado. En esos momentos se sentía verdaderamente desdichado y gritaba a los músicos. Con sus amenazas y explosiones de ira, era la figura diametralmente opuesta a Wilhelm Furtwängler, el gran dubitativo.

»De la forma de dirigir de Toscanini se han enriquecido sobremanera todas las orquestas que trabajaron con él. Y la súplica de Furtwängler a los músicos de la orquesta para que lo sacaran de su apuro e hicieran música también causó una impresión profunda y duradera en los filarmónicos de Berlín y de Viena. Su sueño era compaginar y encarnar las intenciones de ambos directores. Como dije en broma hace muchos años, se puede conseguir incluso que los violinistas lleguen a colocar el pie derecho como quiere el director.

Pero también es posible lograr que estos violinistas —tras numerosos ensayos conjuntos— den de sí más de lo que se les pidió en los ensayos. Ese algo más que uno no ha soñado hasta aquel momento del concierto.»

En otro pasaje, al que nos asomaremos más tarde, Karajan habla de su propia manera de dirigir. Y nos revela, al menos en parte, su sencillísima «receta» para la sonoridad orquestal que él desearía y que, según admiten hasta sus más encarnizados detractores, ha conseguido hacer realidad. Pero aquí, al revivir los recuerdos de una época en la que era *chef* en Salzburgo y estaba a punto de llegar a ser *chef* en Viena, considera importante hablar de sus orquestas y de cómo se concentraba en ellas. El interlocutor constata entonces sorprendido que Herbert von Karajan, el salzburgués, el austriaco, desborda las fronteras de su nacionalidad. En el tono y *habitus* es un autriaco. En sus conocimientos de Viena es un músico vienés. Pero deja traslucir en cada frase, en cada formulación, que se siente tan en su casa en Berlín y que los filarmónicos berlineses son su obra tanto como el gran teatro de los festivales de Salzburgo. Una ciudad, una nación le vienen estrechas. Piensa siempre en dimensiones mayores, y considera que su radio de acción es la totalidad del mundo. Sus filmes musicales, por ejemplo, son su mensaje y testamento para el mundo. Cuando habla de la influencia de sus creaciones, la escena se amplía súbitamente, y habla de usos japoneses igual que de las medidas imperantes en los Estados Unidos.

En los años de los que habla se produjo una evolución técnica que le vino en parte a contrapelo. Según él, el intérprete ya no llega a su público en el teatro de la ópera o en las salas de conciertos, en viajes por el mundo o mediante la fidelidad de un círculo claramente delimitado de agradecidos amigos de la música. El intérprete tiene que dominar la técnica, y convencer —vía técnica— a su público, esparcido por todo el mundo.

Durante los pasados años, Herbert von Karajan ha tenido innumerables oportunidades para convencerse de que él mismo —en sus viajes— sólo ha podido llegar a un reducida elite de amantes de la música, mientras que las transmisiones televisivas llegan a un público que se cuenta por millones. Y desde que Herbert von Karajan se dejó convencer de que había logrado o estaba a punto de conseguir en el campo técnico un nivel que le parecía adecuado, se concentra en este público millonario esparcido por todo el mundo.

Teniendo en cuenta esta nueva realidad, ¿cómo podría permitirse

Con Henri Clouzot, con quien dio los primeros pasos en la producción de filmes musicales

Saludo tras la representación de *La Walkyria* en los festivales de Salzburgo (1968), con Régine Crespin, Gundula Janowitz y Thomas Stewart

él la insensatez de presentarse como austriaco, como salzburgués o berlinés, a pesar del afecto y fidelidad de algunas ciudades e instituciones? En todas las manifestaciones de Karajan se percibe su intencionado esfuerzo para evitar resonancias locales. Se considera propiedad del mundo, al que juzga como campo propio. Se trata, sin duda, de una actitud que, por ejemplo, sus colaboradores y sus orquestas son incapaces de asumir de forma tan expresa. Ellos son los filarmónicos de Berlín o de Viena, pertenecen a la Filarmónica o a la Musikverein. Por supuesto, se consideran como componente esencial de las semanas conmemorativas o de los festivales.

Pero Herbert von Karajan, quien llegó a decir atinadamente que siempre es fiesta allí donde él hace acto de presencia, no se siente atado por una dilatadísima residencia ni por los honores de haber sido declarado hijo adoptivo. No concuerda con su manera de ser. Ni se compagina con los planes que tiene.

Surgen así tensiones e incompatibles discrepancias de opinión, de cuyo fundamento nunca se discute. Para quien trabaja con Herbert von Karajan en Berlín, Salzburgo o Viena, estas ciudades se convierten en ombligo del mundo, al menos momentáneamente. Para Karajan son sólo sitios que encajan —de forma casual o intencionada— en su propia concepción. Para Karajan, es Karajan mismo el que ha organizado todo eso tal como es ahora.

5

en la Ópera de Viena

EN 1956, cuando tenía ya compromisos laborales en Berlín, Milán y Salzburgo, le preguntaron por última vez si deseaba hacerse cargo de la Ópera Nacional de Viena. A decir verdad, Herbert von Karajan había dirigido ópera en Viena últimamente, y de forma ejemplar. Pero tales actuaciones fueron versiones para concierto, interpretadas en la gran sala de la Musikverein. Los amantes de la música y los críticos coincidieron en afirmar que tales representaciones debían ser consideradas como la llamada de Karajan a la puerta de la Ópera Nacional. Pero él niega todavía hoy tal interpretación: «No fue ésa mi intención. Me daba cuenta de la enorme dificultad que entraña en todo el mundo el empeño de preparar representaciones operísticas con un reparto de primera calidad y con suficientes ensayos. Así que me permití el lujo de realizar de cuando en cuando una ópera en versión para concierto, con el nivel de calidad que siempre soñé. La Musikverein, con los muchísimos amigos que actuaban en esa institución, me prestó su total colaboración.» Preocupaba a Karajan el logro de una «calidad máxima». No pretendía dar una solución rápida al problema de la Ópera Nacional. Esto último no constituía un problema para él.

Cuando el director de la administración del Teatro Federal, Ernst Marboe, pidió entablar conversaciones, la Haus am Ring acababa de ser abierta de nuevo, Karl Böhm era el director regular, y recibió enormes felicitaciones en la reinauguración. Claro que Böhm se encontraba entonces en el umbral de una carrera internacional y —tras haber trabajado durante meses exclusivamente en Viena— tomó un descanso sabático como director y viajó al extranjero. Algunos amantes de la ópera se negaban a entenderlo, y determinados partidarios de Böhm se negaban a admitir que se hubieran entablado «negociaciones secretas» con Karajan. Si hemos de hacer caso a los recuerdos de Karajan, éste no estaba interesado en hacerse cargo de la dirección del teatro; y mucho menos en las circunstancias habituales entonces.

«La conversaciones con Marboe no dieron grandes resultados. Y yo no estaba verdaderamente seguro de si deseaba convertirme en director artístico del teatro. Desde un principio expuse con toda claridad mis condiciones. No me contentaba simplemente con ser el director de la Ópera. Al fin de cuentas, era una persona experimentada y sabía cómo se organiza la administración. Pero también era sabedor del enorme trabajo que impone tal tarea. Y subrayé expresamente que no quería aceptar ese trabajo porque lo conocía bien. Pero vinieron después las conversaciones con el que entonces era ministro de Hacienda, Reinhard Kamitz. Fue un personaje importante. Se convirtió en algo así como el padre del milagro económico austriaco. Todavía hoy goza del aprecio de políticos de todos los partidos. Cuando me encontré con él, me dijo que conocía al detalle la situación de la Ópera Nacional, y que también se había de dar una solución a los problemas financieros del teatro. Por las conversaciones que yo había mantenido con Marboe, sabía él que dirigir el teatro de acuerdo con mis ideas y exigencias costaría mucho dinero. Pero me aseguró literalmente que pondría a disposición cuanto fuera necesario para el teatro. También me hizo saber que si no me hacía cargo de la dirección, ninguna otra persona tendría a su disposición todos aquellos medios.»

Herbert von Karajan ha reproducido en innumerables ocasiones esta conversación. Y siempre que llegaba a esta generosa e impresionante oferta se citaba a sí mismo: «Señor ministro, me ha pescado usted.» Y mostraba, siempre con el mismo gesto, cómo extendió entonces las manos hacia el ministro. Poquísimas situaciones de la vida de Karajan han sido revividas por éste con tanta frecuencia y sin la menor variante. Es éste un país relativamente pequeño con un Teatro de Ópera grandísimo. Y ahí está Karajan, que exige medios financieros extraordinarios para una dirección artística de ese teatro, sueño del cincuenta por ciento de vieneses adultos. Además, tiene unos planes que deben parecer revolucionarios. Y precisamente entonces alguien no sólo aprueba sus ideas, sino que le comunica que nadie más que él podrá hacerlo. Se le dice que ninguna otra persona contará con tal oportunidad ni con tantos medios financieros.

Y Karajan sigue hablando, entusiasmado, de su interlocutor: «Kamitz cumplió su palabra. Casi no llevaba yo tres meses en Viena cuando se aprobó un incremento fiscal que tenía consecuencias inmediatas para el presupuesto de la Ópera Nacional. Cuando telefoneé al ministro de Hacienda para exponerse este problema, me respondió que ya lo conocía y lo había resuelto. Y así fue. Kamitz entendió desde el primer momento las consecuencias que tal reforma fiscal tendría para nosotros, y había tomado las medidas necesarias para paliarlas. No hubo sobresaltos financieros mientras él fue ministro. En este aspecto funcionó perfectamente la Ópera Nacional. No hace mucho tiempo, tuve la satisfacción de poder decir a Kamitz que probablemente no habría abandonado la dirección artística de la Ópera Nacional si él hubiera seguido siendo ministro. Acaso esta afirmación no sea totalmente verdadera, pero me siento tan en deuda con él que quizá me habría resultado imposible dar el paso de abandonar Viena.»

Durante los muchos años en que Karajan trabajó en la Ópera Nacional tuvo observadores contentos y también otros descontentos. A los ojos de los vieneses amantes de la ópera estos años son no sólo un largo período de tiempo, sino el comienzo de una nueva época: Karajan implantó la estrecha colaboración con la Scala de Milán, introdujo la utilización de la lengua original (otros teatros operísticos seguirían pronto el ejemplo), se preocupó de llevar a cabo toda una serie de estrenos, atrajo invitados de renombre al teatro; incluso escenificó personalmente, con gran pasión.

Contrariamente, como cualquier otro director de la Ópera de Viena, fue blanco de críticas, se vio envuelto en la política cotidiana en el campo del arte, y tuvo que llevar a cabo una cantidad de trabajo que no se puede exigir a un solo artista. Décadas después (todos los problemas de aquel tiempo pasarán a la historia de la Ópera) recapitula su tiempo de Viena de forma completamente distinta que en las espectaculares entrevistas que concedió tras su demostrativa partida de Viena.

«Aprendí una enormidad durante mi estancia en la Ópera Nacio-

Karajan firma un contrato en Salzburgo. Le acompañan de izquierda a derecha: Resel, *manager* de la Filarmónica; Uli Marke, director de Telemondial; Altenburger, presidente de los filarmónicos, y Mosen, presidente de los festivales

nal. Naturalmente, tanto para mí como para el teatro, fue importantísimo el bagaje de experiencia y de praxis que llevé conmigo a Viena. Desde mis años en Ulm me dediqué a conocer el funcionamiento de un teatro operístico. Incluso tuve oportunidad de intervenir en él. Si se suman los años de Ulm, de Aquisgrán y de Berlín, se puede decir que fui a la Ópera Nacional con treinta años de experiencia. Y estoy plenamente convencido de que no puede ser de otra manera. Sólo quien conozca el oficio de un director de ópera y lo haya ejercido durante décadas puede dirigir un teatro de estas dimensiones y exigencias. De lo contrario, sería insensata osadía la de asumir una tarea como la de Viena.» Nadie sabe mejor que Karajan que, tras su marcha, osaron hacerse con el cargo de director de la Ópera de Viena algunos que contaban con escasa experiencia práctica en ese terreno tan intrincado. Es natural que se niegue a criticar a sus sucesores en el cargo. Se sabe profundamente identificado con muchos miembros de la Ópera Nacional de Viena; los conoce, trabaja con ellos en Salzburgo. A pesar de todo, no comenta con ellos lo que opina de otros *maestri*. Si habla de un director es porque puede decir algo positivo sobre él.

«Si algo aprendí durante el tiempo que pasé como director artístico del Teatro de la Ópera fue oficio. Desde un principio me ocupé intensamente de la técnica escénica. Pude comprobar que el personal técnico de Viena es excelente. En todos los ensayos procuraba tener una relación casi amistosa. En el escenario, con los iluminadores y en los talleres aprendí cuanto necesitaba saber para ejercer como *regisseur*. Pero llegué a convencerme, sobre todo, de que es imposible conducir un teatro de estas dimensiones. Hay que someterse a sus leyes si se desea tenerlo en orden. Tiene unas determinadas reglas que no se pueden violar impunemente.» Por supuesto, Karajan no pretende afirmar que una personalidad del arte no pueda influir ni introducir variaciones. Opina, y lo demuestra todavía hoy en sus ensayos y funciones en Salzburgo, que es preciso asegurarse el apoyo de todo el «aparato».

Baste un ejemplo, no contado, sino vivido por él. Cuando Karajan ensaya en Salzburgo para sus propias producciones, suele disponer de colaboradores provenientes de la Ópera Nacional de Viena. Conoce no sólo sus nombres, sino sus gustos, sus peculiaridades. Y está siempre dispuesto a tenerlas en cuenta. Saluda y parlotea. Y, de paso, pide la opinión de uno de los señores. Considera natural tal comportamiento, aunque sabe que no siempre se observa tal conducta en los grandes teatros operísticos. He llegado a ver cómo, en los momentos más álgidos de los ensayos, se tomaba tiempo para discutir con los tramoyistas el emplazamiento de una enorme figura de «Aida» en el jardín del escenógrafo Schneider-Siemssen, y para ponderar en qué medida se sorprendería éste por el ornato discordante con el entorno de Salzburgo. Me ha tocado ver cómo se preocupó Karajan de su inspector-jefe cuando éste sufrió un desfallecimiento. Y he asistido a momentos en que la discusión se encendía en el escenario y él, desde su puesto de *regie*, se daba cuenta de la situación y la solventaba con unas pocas palabras amables a través del megáfono.

Claro que produce actualmente en Salzburgo en unas condiciones que ha conseguido mediante duro trabajo y que considera ideales para él. No le gusta hablar de las condiciones en las que tuvo que trabajar entonces en Viena. Y cuando lo hace, sus consideraciones no destilan autocompasión y lamento. Predomina siempre su enorme satisfacción por haber aprendido y logrado algo en la Ópera Nacional de Viena.

«Cuando marché de Viena no veía claro aún lo sucedido. Hoy sé que no se pueden plantear las exigencias que reclamé entonces para un teatro operístico con amplio y variado repertorio. Hay que recordar lo que realizamos y dónde estuvimos a punto de fracasar: traje a Viena a todos los cantantes de la Scala de Milán. Pudimos escuchar en la Ópera Nacional las mejores y más bellas voces del mundo. Y aunque tales cantantes no son baratos, mucho más caros eran y son los llamados cantantes de la casa. Porque éstos tenían y tienen contratos para un número de actuaciones que supera con mucho lo que se les puede exigir y el deseo de seguir escuchándolos. Eso significa que se termina por pagarles mucho más que si se les contratara como invitados. Y llegué a comprender algo más. Si en principio puede parecer ideal que cada tarde de ópera sea toda una sensación, tal pretensión es irrealizable en la práctica. En todo el mundo no hay el suficiente número de cantantes sensacionales para conseguir una calidad insuperable, tarde tras tarde, en un solo teatro de ópera. A veces coinciden en el tiempo dos tenores maravillosos, pero habría dificultades para encontrar un tercero de similar calidad.

»Pienso que mi largamente acariciado plan para la asociación de seis grandes teatros de ópera quizá habría eliminado parte de las dificultades, pero a la larga resultaría insostenible. Pensé que se podían contratar los *ensembles* ideales para todas las óperas importantes; cantar el estreno en un teatro y posteriormente, tras un plazo adecuado y de acuerdo con un plan, llevarlo a otro teatro. Con el tiempo, se debería haber establecido algo así como un turno fijo según el cual se desplazaría el *ensemble* de un teatro a otro. Y se podrían escuchar en todos los sitios producciones bien preparadas, ideales. Ahora estoy convencido de que el público no lo habría agradecido. En un teatro en el que cada tarde se ofrece un producto de primera calidad, el cansancio llega a apoderarse del público, que se sentirá saciado, harto. Por mucho que se intente, será imposible obtener unos resultados mejores que los logrados durante mi estancia en Viena: de las aproximadamente trescientas representaciones dadas en cada temporada, quizá cuarenta eran memorables e inundaban de satisfacción a todo el mundo: en el escenario, en la orquesta y en el público. El resto era producto de una buena rutina, de la que no había por qué avergonzarse. Y al menos cien representaciones por temporada eran horribles también en mi época. Y no había quién pudiera cambiarlo. Tampoco hoy hay director de ópera que pueda corregir algo.»

No creo que Herbert von Karajan haya emitido antes de ahora un juicio tan franco sobre su época de Viena. A decir verdad, incluso bastantes años después de haber salido de Viena albergó la idea de volver para ocasiones particularmente festivas. Y se avino a dirigir algunas representaciones en la Ópera Nacional. Pero no pudo realizar su primitivo plan de conseguir la plena responsabilidad del Teatro de la Ópera durante todo un mes cada año. Se trataba de una idea fascinante, pero irrealizable, a la que ni un artista, ni la dirección ni administración alguna se opuso enérgicamente. La insalvable realidad de que ningún gran teatro operístico puede permitirse el lujo —después de nueve meses de trabajo continuo— de ofrecer un décimo mes redujo el plan de los «Días festivos con Herbert von Karajan» a contadas actuaciones sensacionales, algunas de las cuales tuvieron el añadido que confieren las transmisiones televisivas. Herbert von Karajan se apeó de ese proyecto cuando cayó en la cuenta de que malgastaba su fuerza en él.

«Durante mi estancia en la Ópera Nacional asistí a los llamados compromisos ineludibles, y aprendí a odiarlos. De eso hace ya mucho tiempo, y casi lo he olvidado. Ahora puedo hilvanar una reflexión retrospectiva. Recuerdo que preparábamos una nueva producción en el teatro. Trabajamos durante todo el día, y cuando, concluido el ensayo, me dirigí al palco de la dirección para escuchar por unos instantes la representación que se estaba dando, me dijo el acomodador: "Pues hemos tenido suerte. El director ha llegado a tiempo de

Buenos Aires. A las cinco de la tarde estaba ya en Viena.'' Pensé entonces que también de aquella representación —en la que, sin duda, se improvisó mucho— era responsable yo. Otro ejemplo. En cierta ocasión dije con toda claridad a Ernst August Schneider, director de la oficina de talleres durante muchos años, que una determinada cantante no debía cantar más tal o cual papel. Partí para el extranjero convencido de haber solucionado un pequeño asunto. Cuando volví a Viena vi el cartel de la función vespertina y me encontré con que el nombre de la cantante aparecía en el reparto. La habían escogido para un papel en el que yo no quería volver a oírla en la Ópera Nacional. Como es natural, telefoneé inmediatamente a Ernst August Schneider. ¿Saben qué me respondió? ''Tiene usted razón, señor Karajan. Pero es que ha celebrado su cumpleaños y deseaba tanto que la permitiéramos cantar...'' En el fondo, era una anécdota emotiva, típicamente vienesa. Pero se dio más de una vez en la Ópera Nacional de Viena, y nada pude emprender contra tales pequeñeces.

»Aprendí a desarrollar un sentimiento por su teatro. Recuerdo una visita a los talleres. El jefe de los carpinteros me fascinó. Siempre sabía con exactitud la cantidad de madera, de clavos que había aún en el almacén. Y me comentaba que intuye cuando alguien va a robar de nuevo en su taller. Eso me trae el recuerdo de la duquesa Thurn y Taxis, de la familia que tanto ayudó a Rainer Maria Rilke. También ella me dijo en cierta ocasión que una verdadera ama de casa nota cuando se roba en la vivienda. ''Se huele cuando se practica el engaño en la casa.'' Estoy convencido de que el jefe de taller del teatro federal y la duquesa me transmitieron algo que el *chef* de un gran teatro de ópera debe tener: el sentido para darse cuenta de si todo está en orden en el teatro, y el don de saber cuándo tiene que intervenir. También aprendí eso en la Ópera Nacional.

»Naturalmente, hubo disputas y enredos que causaron sensación en la opinión pública. Pero estoy persuadido de que yo no habría dejado la Ópera Nacional a causa de aquellos enfrentamientos que se daban en los niveles más elevados y que saltaban a las primeras páginas de los diarios. Los pequeños esfuerzos llegaron a desbordarme, los enfados cotidianos dejaron de gustarme: me cansé del sistema. Tengo bien presentes los esfuerzos que hicimos para que Egon Hilbert se hiciera cargo de la dirección. Yo le dediqué dos semanas. Dimos largos paseos mientras le explicaba cómo concibo la Ópera Nacional. Entró después en el teatro y, desde el primer momento, se esforzó por hacer justamente lo contrario. Él hablaba de un teatro de *ensemble* modificado. Yo le expliqué que no existía tal cosa. Pero él se negó a admitirlo. Nuestras opiniones comenzaron a divergir pronto. Percibí la nueva situación. En fondo, me había decidido ya por los festivales; y poco después, por mis propios festivales. Aunque aprendí mucho durante aquellos años en Viena, me ahogaba en los últimos tiempos. Tenía que marchar de allí.»

Están aún vivos en el recuerdo los enfrentamientos en los que tuvo que intervenir no ya un ministro, sino el mismísimo canciller federal. Con todo, Herbert von Karajan no ha querido extenderse más en los delicados días pasados en Viena, en sus entrevistas, en el exitoso empeño de la dirección de los festivales de Salzburgo para lograr que el maestro siguiera ligado a Austria al menos durante los meses de verano. No tengo reparo alguno en confesar que, como testigo de los hechos, me habría gustado recoger en el magnetofón muchas observaciones de Karajan: habrían resultado interesantes para los vieneses amantes de la ópera. Pero no conseguí que el director comentara más ampliamente su visión retrospectiva.

Herbert von Karajan dirigió en la Ópera Nacional de Viena treinta óperas, casi la totalidad del repertorio que considera necesario y válido. Pero no digirió algunas óperas de Mozart, tampoco agotó sus fuerzas con Richard Strauss, ni llegó a producir personalmente todas las obras de Verdi. Como compensación, se decantó a su manera en favor de Monteverdi, de Ildebrando Pizzetti y de Igor Stravinski, y obras de estos autores ocuparon un puesto estelar en algunas funciones. Karajan llegó a escenificar casi la mitad de las óperas que dirigió. Sobre las discusiones públicas que desataba con frecuencia durante los ensayos, sobre las violentas reacciones a sus escenificaciones, no es necesario informar de nuevo a los fieles seguidores de Karajan. Están perfectamente informados al respecto. Y, aunque su recuerdo sea borroso, tampoco reviste mayor importancia. Los comentarios de Karajan sobre su época vienesa no son hijos del apasionamiento.

Algo similar sucede con los colaboradores que Karajan tuvo durante aquellos años, ya lejanos. Los recuerda y suele hablar amistosamente de ellos. Pero considera que carece de interés el enmarcarlos en el contexto de su propio pasado. Ni siquiera reacciona de forma sentimental cuando el interlocutor le pregunta con insistencia si no desearía disponer hoy, para sus grabaciones, de algunos de los cantantes que compartieron los aplausos con él. «El tiempo ha seguido su curso», responde lacónico. Algunos de los cantantes con los que consiguió gloriosas tardes de ópera no han tenido sucesores ideales. Aquéllos han desaparecido ya de la escena. Por consiguiente, no tiene sentido hacer conjeturas imposibles de convertirse en realidad. Cuando reflexiona, busca cantantes en activo con los que puede hacer música hoy y en el futuro. Considera entonces cómo puede interpretar de forma convincente a Mozart con los actuales cantantes. Promete para el año 1991 una reflexión exhaustiva sobre el período comprendido entre los años 1945 y 1987. En sus recuerdos, Karajan ofrece escaso material a los típicos amantes de la ópera que dedican, al menos, la mitad de su corazón a su propio pasado. Él tiene puesto todo su corazón en el presente y en el futuro.

En cuanto al porvenir, Karajan no cesa de inventar acciones o cursos para conseguir un nuevo Ensemble Mozart con los cantores que le presentan. No actúa desinteresadamente, sino como miembro del comité de los festivales de Salzburgo. Sabe que muchos cantantes de Mozart pueden tener así su oportunidad. En repetidas ocasiones, Karajan ha organizado competiciones internas. Y muchas veces ha pedido a cantantes experimentados —como Peter Schreier— que se hagan cargo de la formación definitiva de tales cantantes jóvenes. A veces ha utilizado a los periodistas para esta finalidad, poniendo en marcha una especie de campaña. Después ha realizado su objetivo por el camino de la diplomacia y del silencio. «Indudablemente, hay que cuidar los nuevos valores. Escucho constantemente a cantantes jóvenes y pienso que se debería trabajar intensamente con muchos de ellos antes de lanzarlos al torbellino de los viajes, que los destroza demasiado pronto. Con los cantantes sucede como con los jóvenes directores de orquesta. No existen teatros ni directores que se sientan plenamente responsables de artistas jóvenes y estén a disposición de éstos durante años. Y, por supuesto, poquísimos de los artistas jóvenes son lo suficientemente inteligentes como para optar por una carrera profesional lenta, acorde con lo natural. Todos ellos sucumben a la tentación de ofertas seductoras, y se agotan demasiado pronto o no llegan a desarrollarse correctamente.»

Karajan no se suma a quienes afirman que los jóvenes músicos de hoy tienen menor calidad que los de tiempos pasados. Siempre encuentra suficiente material nuevo, y siempre está dispuesto a alabar de todo corazón a sus actuales cantantes. Para presentarlos adecuadamente, llega a abordar tareas que no había previsto en los planes a largo plazo. Así, en un disco realizado con Anna Tomowa-Sintow, la soprano, dirigida por Karajan, interpretó el canto final de *Capriccio*.

Con los cinco sentidos
en la música. *(Fotos EFE)*

Karajan apenas habla de esto, pues considera que una leve alusión es suficiente para una biografía. Naturalmente, son éstos los esfuerzos que un director y un miembro del comité debe realizar.

Quien pretenda detectar un matiz de incongruencia en el comportamiento de Karajan, sólo lo encontrará en el campo del compromiso personalísimo. Karajan, que abandonó hace varias décadas la Ópera Nacional de Viena porque le cansaban el trabajo menudo y la preocupación por los problemas de organización, vuelve a ocuparse décadas más tarde de todo eso. Cuando nadie lo sospecharía, él se preocupa de los repartos para los festivales de Salzburgo, y trata de descubrir en los contratos errores que nadie ha advertido con anterioridad, pero que él considera importantes. Sus colaboradores, que conocen bien esta carga suplementaria, se sienten obligados a guardar silencio. Si cometen alguna indiscreción, saben que no encontrarán sus informaciones en un libro.

Al interlocutor de Herbert von Karajan le resulta difícil arrancar a éste comentarios, por ejemplo, sobre sus codirectores durante su tiempo de Viena. Eran encumbradas personalidades que siguen teniendo una relación extremadamente leal con él —como Albert Moser, el presidente de los festivales de Salzburgo— o fallecieron y, por consiguiente, quedan fuera de toda discusión, como el *regisseur* Oscar Fritz Schuh, que debería haber salvado la época vienesa y no quiso ir a Viena; el entusiasta Egon Hilbert, que quiso entablar una curiosa alianza con Karajan, pero luego no llegó a aceptar los planes éste; Walter Erich Schäfer, el intendente de Stuttgart, que pasó dos años en Viena sin aclimatarse a la ciudad; el amante de la ópera Egon Seefehlner, que llegó a ser después director en Viena y que, en su toma de posesión, pudo anunciar la efímera alegría de una reconciliación oficial de Karajan con la Ópera de Viena. Todos ellos jugaron un papel durante la estancia de Karajan en Viena. A la memoria del octogenario acuden, más bien, pequeñas anécdotas personales sobre un flautista de la Filarmónica de Viena. No pierde el tiempo en lamentos o ditirambos sobre sus antiguos codirectores.

A nadie se le oculta la causa de estas reacciones. Karajan no se cansa de decir públicamente que da escasa importancia a discusiones o confrontaciones sobre opiniones o deseos expresados por él. No se cansa de insistir en el sistema que se inventó en Salzburgo, tras su estancia en Viena. Así pues, aleja de sí los recuerdos de personas con las que tuvo que discutir cuestiones de organización o de arte. Nunca le han gustado esos recuerdos. También en Viena, habría preferido ser señor omnímodo de un gran teatro sometido plenamente a su autoridad, con todos sus problemas, pero sin dificultades ni zancadillas. Y cuando llegó a la conclusión de que tal sueño era imposible, sacó sus consecuencias, dirigió en los festivales de Salzburgo y concibió la idea de los festivales de Pascua de Salzburgo, durante la más escueta de todas las pausas imaginables. Sus propios festivales. A los festivales de Salzburgo le ataba el recuerdo de su propia juventud, el estrecho lazo de la negra posguerra, en la que todo el mundo le consideró como secreto promotor de las primeras funcionaes, en los años 1946 y 1947. Pero, sobre todo, le unía a los festivales de Salzburgo la simpatía por un sistema que le garantiza del mejor modo las condiciones de trabajo queridas por él. Cuando Karajan decidió colaborar en el comité de Salzburgo y mantenerse como *regisseur* y director en los festivales, optó por colaborar también con cantantes de la Ópera Nacional, con el coro de esa institución, con los miembros de la orquesta de la Ópera Nacional, a los que también cubría el título —más brillante— de Filarmónica de Viena. De hecho, podía preparar y representar programas de la Ópera Nacional sin correr el peligro de tener que sufrir la cotidianidad de la Ópera Nacional.

6

los festivales de Pascua

«DEL nacimiento de los festivales de Pascua se ha hablado en innumerables ocasiones. Todo arrancó de una observación del director Christoph von Dohnanyi, quien me dijo que había llegado el momento de que yo debía comenzar a producir óperas responsabilizándome de todo y actuando de acuerdo con mis propias medidas. Aquellas palabras me hicieron reflexionar profunda y prolongadamente. Y desempolvaron el sueño de mi vida, no realizado aún: recrear las óperas de Wagner en unas condiciones ideales. El plan de los festivales de Pascua nació con bastante celeridad. Durante un vuelo a Estocolmo, donde debía oír a cantantes jóvenes, junto con Michel Glotz, se calculó el presupuesto necesario, que resultaría atinado en el primer año. Al principio, pensamos realizar el proyecto en Ginebra, y no teníamos ideas claras sobre la orquesta. Después, lo he comentado en repetidas ocasiones, algo sucedió una tarde en los festivales de Salzburgo. Dirigí *Boris Godunov*. En una breve pausa de luz, ante el gran cuadro del coro, me encontraba de pie en el podio del director. Súbitamente supe que debía organizar los festivales de Pascua en aquel teatro, con aquellos artistas. Hay aquí todo lo que se necesita, pensé. Terminada la función, me dirigí en mi coche a casa, paseé por las inmediaciones durante dos horas, bajo una intensa lluvia. Al final del paseo, el plan estaba perfilado en mi cabeza.»

Herbert von Karajan ha explicado con detalle todo esto en numerosas entrevistas. Es natural que el director recuerse así, muchos años después, el instante en que nacieron sus propios festivales. Los vivió originariamente así, y de ese modo lo ha contado una y otra vez. Quedó prendida en su memoria una situación que él narrará con los mismos matices hasta el final de sus días. No tiene importancia la pregunta de si no había pensado en el gran teatro de los festivales de Salzburgo mucho antes de aquella breve pausa para cambiar de escena de *Boris Godunov*; de si en una única tarde, en un solo paseo, vio y solucionó todos los problemas. Para él ésa fue la hora del nacimiento de sus festivales, y no cambiará de idea. Aunque se le pudiera demostrar con documentos, cartas o recuerdos de testigos de entonces la necesidad de introducir alguna corrección en su relato, se mantendría en sus trece. ¿Por qué debería corregir sus propios recuerdos?

«Calculamos entonces que, con los ensayos hechos para las grabaciones discográficas ya realizadas y con los correspondientes contratos con los colaboradores, podríamos arreglárnoslas sin subvención alguna. Y lo conseguimos en el primer festival de Pascua. Incluso logramos un modestísimo superávit. Por supuesto, yo renuncié a mis honorarios.» El interlocutor de Karajan no recuerda haberle visto antes ni después tan feliz y contento como en los instantes previos a la primera función del Festival de Pascua de Salzburgo. Hizo de *charmante* anfitrión para los periodistas que acudieron al evento; se dejó ver por la ciudad; charlaba con gentes a las que no solía tomar en consideración. Se veía que había conseguido traducir a la realidad el sueño de su vida.

«Sí. Era previsible que todo cambiara después con mucha rapidez. Todo el mundo comprendió de golpe que también se podían obtener ganancias en los festivales de Pascua. Los precios subieron por las nubes. Y todos los costos se incrementaron muchísimo. Era, pues, completamente lógico que tuviéramos déficit en un festival que aportaba nuevas ventajas no sólo a determinados artistas, sino a toda una ciudad.» Aunque Karajan tardó bastante tiempo en madurar una postura definitiva sobre este tema, ahora que se ha logrado definitivamente una coexistencia pacífica de ambos grandes festivales de Salzburgo, considera que la subvención pública es un tributo necesario para todas las producciones salzburguesas que atraen público de todo el mundo a la ciudad. También su festival consigue lo que se había pretendido con los festivales de verano de la ciudad: convertir una «temporada muerta» en abundante fuente de ingresos para la

Atento y concentrado en el ensayo. *(Foto EFE)*

ciudad. El Festival de Pascua se convertía en la segunda temporada anual de afluencia de turistas de todo el mundo.

«Con los festivales de Pascua hemos alcanzado cuanto me había propuesto. Se pudieron dar funciones que habíamos preparado con mimo durante dos años. E incluimos óperas en el repertorio sólo cuando estuve seguro de poder disponer del reparto ideal.»

Las conversaciones que sirven de base a esta biografía de Herbert von Karajan comenzaron en los ensayos y pausas de ensayos de *Lohengrin* para los festivales de Pascua. Como siempre, Karajan, con una resistencia admirable, no cesaba de animar a las comparsas, que hacían las veces de los solistas en las pruebas de iluminación de las escenas. Y siempre tenía a punto comentarios de tipo militar para marchas o formaciones realizadas de forma poco militar. Lo que murmuraba entre tanto le habría acreditado como un viejo soldado. En realidad, no hacía más que expresar su desconsuelo al ver que unos hombres habituados al escenario se comportaran con menor disciplina que los músicos. Sus intentos de utilizar al ejército austriaco para representar grandes masas de gente en el escenario habían comenzado ya en la Ópera Nacional. Prosigue tal intento en Salzburgo, pero no llega a dar la impresión de que los soldados que intervienen marquen al unísono el paso en el escenario ni sean especialmente aptos para mantener las lanzas en un ángulo de inclinación aproximadamente igual. Pero difícilmente llega a hacer comprensibles sus esfuerzos para ocuparse también de esos detalles. Nadie apunta en la cuenta de Karajan los gestos correctos o impropios de Elsa. En cambio, todo el mundo apunta en el deber del salzburgués los detalles marginales perceptibles también en una ópera de Wagner. Y le irritan como director cuando son imprecisos. Como le irritaron siempre los escenógrafos que no se atenían escrupulosamente a sus indicaciones.

«Admito gustosamente que el poder hacer una *regie* tal como yo la concibo repercute también en mi interpretación musical. Puedo dar un ejemplo. Mientras tuve que dirigir la música de la transformación de *Parsifal* al tiempo que se producían en el escenario eventos completamente imposibles, impuse unos ritmos mucho más rápidos que los correctos. Sé ahora que me limitaba a sacar adelante aquella magnífica música, tratando de escapar cuanto antes de aquellos cuadros. Desde que tengo mi propia escenificación, estos *tempi* se han hecho tranquilos y relajados. Me atrevo incluso a calificarlos de atinados. Porque nada me distrae, nada me irrita en el escenario.» Siempre que Karajan puede, se confecciona un plan de iluminación que congenie con la música. Un asistente se sienta junto a un magnetofón, y al menos dos *chefs* de iluminación anotan en sus partituras los números de compases en los que hay que cambiar una ambientación lumínica para desembocar en otra. Karajan sabe con exactitud esos números de compases y, además, tiene en cada momento una idea muy concreta de la ambientación que desea conseguir. En *Lohengrin*, por ejemplo, buscaba un azul que no encontró en la naturaleza. Y pidió a los iluminadores que trataran de conseguir aquel azul que uno ve cuando el chorro de luz de la lámpara del oculista cae sobre el ojo que éste desea examinar. Se consiguió algo bastante aproximado en el escenario del teatro de los festivales. Y Karajan opinaba que los intérpretes debían moverse en esa clase de azul. De ese modo, exigía a sus cantantes lo contrario de lo que, según el propio Karajan, los *regisseurs* no musicales querían con frecuencia. Allí donde éstos exigían movimiento creciente, allí pedía Karajan reducción de gestos y de marchas; más bien, de forma extremada. «Los cantantes inteligentes lo entienden. Sosiego y concentración en la música se consigue despojándose de todo lo innecesario. ¿Qué puede haber más importante en la ópera que el concentrarse en la música?» Parece difícil poder contradecir a Karajan.

Que algunos intérpretes de renombre internacional le hayan dejado en la estacada en algunas de sus producciones para los festivales de Pascua —especialmente en *Lohengrin*— no le contraría lo más mínimo, sobre todo desde que ha visto las escenificaciones modernas que hacen furor actualmente. Herbert von Karajan está informado del llamado nuevo estilo Mozart, ha visto partes de las producciones de Bayreuth, se ha familiarizado con muchas escenificaciones vía televisión, y habla a veces de ellas. Sobre todo cuando esboza con una frase lapidaria su concepto —válido para su época— de las producciones operísticas en Salzburgo, en el verano, pero sobre todo en Pascua: «No practico la falsificación de documentos.» Cuando utiliza este concepto al hablar de música, quiere dar a entender que los músicos de la orquesta tienden a tocar las notas sin darles su valor completo. Pero cuando se refiere a la escenificación, cuenta casi todas las acciones que los *regisseurs* se sacan de la manga para dar vida al escenario o para conferir «carácter de símbolo» a una escena; es decir, para «falsificar los documentos».

Con su retirada de Viena y su concentración en Salzburgo, con la institucionalización de los festivales de Pascua comenzó para Herbert von Karajan una nueva fase del trabajo artístico, a la que él definiría como la última y la más fructífera, si no se hubiera producido un corte decisivo en su vida: sus graves enfermedades, sus operaciones, su debilitamiento físico, en unos momentos en los que quería crear con redobladas fuerzas.

«Tal vez no se haya caído en la cuenta, pero hace ya mucho tiempo que concentré mi trabajo en dos orquestas y en dos instituciones. Durante un tiempo más prolongado del que la gente cree, he renunciado a casi toda actuación con otra institución, he preparado óperas para Berlín y he dado conciertos casi exclusivamente con los filarmónicos de Berlín y con los de Viena.» Salvo contadas excepciones, Karajan no se ha desparramado, y se ha creado puntos fijos en los que deseaba invertir toda su energía, cuya efectividad ha sabido aprovechar al máximo en todo momento. Su método —censurado con frecuencia— de emplear los medios técnicos perfeccionados en nuestros días para utilizar los conciertos también para el disco y el filme musical, y de asociar las representaciones operísticas con grabaciones discográficas y con transmisiones televisivas, es, por un lado, una forma de suplir los permanentes viajes por todo el mundo y, al mismo tiempo, su intento de fijar lo que hace.

El Herbert von Karajan fascinado por la técnica, al que la opinión pública no sólo relaciona con coches de altísimo nivel técnico, sino que presenta como propietario de un yate que gana todas las competiciones o como piloto de un lujosísimo avión privado que abona la envidia hacia su persona, cuenta con riqueza de detalles cómo ha utilizado el medio técnico del disco desde sus comienzos hasta la llegada del disco compacto. Sigue pensado que tenía toda la razón del mundo para sus iniciales objeciones contra el medio televisión. Dispone de suficiente material para probar ambas afirmaciones. De su estrecha vinculación con el medio de la discografía hablan sus grabaciones históricas, así como otras, innumerables, realizadas en fechas más próximas a nuestros días. Podría apuntalar sus antiguos reparos contra los filmes musicales exhibiendo cintas de conciertos que él grabó con los filarmónicos berlineses y que presentó en su propio estudio como caricaturas. Pero hay que añadir a todo esto sus esfuerzos para obligar a las estaciones de televisión a intentar una mayor calidad en la transmisión del sonido.

Éstos son temas sobre los que no hay que preguntar a Herbert von Karajan. Los entrevistadores que tienen la suerte de conseguir conversar con el maestro, pueden estar contentos, ya que él tiene una respuesta para cada una de las preguntas sobre su actividad en el estudio de grabación y sobre el vertiginoso desarrollo técnico. Puedo decir que en casi todas las «sesiones» que nos condujeron al pasado de Herbert von Karajan me vi confrontado con su total fijación en el tema disco y filme.

Es natural que las cuestiones técnicas y las artísticas se mezclen en Herbert von Karajan. Las observaciones que Karajan desgrana de pasada sobre el progreso técnico y sobre lo que el dominio de la técnica puede aportar al arte nos permiten adentrarnos en las opiniones del maestro. Y nos facilita la tarea de presentar en la gran segunda parte de esta autobiografía hablada, escuchada, transcrita y finalmente reelaborada una muestra de lo que constituye la principal actividad de Herbert von Karajan en el octogésimo año de su vida.

Sus colaboradores se sienten cortésmente desconcertados cuando acompañan a Herbert von Karajan —a petición expresa de éste— en ensayos y grabaciones, en conferencias sobre determinadas secuencias de un filme musical. Tienen que concentrarse plenamente en él. Y piensan probablemente que le distrae muy poco un observador al que él, una y otra vez, inicia, con paciencia y entusiasmo, en su trabajo. Pasan por alto que Herbert von Karajan necesita quizá, a veces, tal acompañamiento, pues se ha construido su propio mundo, al que podría seguir perfeccionando durante décadas, y necesita explicárselo a sí mismo y a los demás. De lo contrario, alguien podría entenderlo de forma errónea.

En una fórmula muy escueta que Karajan no utilizaría, diremos que él no sólo trata de fijar su repertorio principal en discos o en *compact disc,* sino también ópticamente. Sin desviarse lo más mínimo del camino emprendido, y en una forma —encontrada tras numerosos experimentos— que considera correcta. En este orden de cosas, tiene que resultarle doloroso comprobar que el tan cacareado progreso técnico no haya alcanzado un nivel ideal, sobre todo en el campo de la grabación visual. Parece bastante seguro que la calidad sonora no aportará novedades revolucionarias en los próximos años. En estos momentos no podemos afirmar cuál de las actuales posibilidades de la grabación de imágenes se demostrará la más consagrada y perfecta. Hemos visto cómo han cambiado las opiniones en los últimos años. Y ya veremos qué pasa con todos los materiales que se utilizan en la actualidad.

Cuando Herbert von Karajan confiesa que se sentiría a gusto si fuera diez años más joven no expresa el deseo de querer borrar los últimos diez años de su vida, en los que tantos dolores le ha han visi-

Dirigiendo a la Orquesta Filarmónica de Viena en la sala grande de la Musikverein de la capital austriaca

tado. Pretende decir, única y exclusivamente, que filmaría y produciría sus películas musicales con los medios que se tendrán en un futuro próximo. Para dejar constancia no sólo de sus intenciones, sino también de las exigencias que formula a la técnica y a los materiales.

Herbert von Karajan ha hablado sobre el tema que vamos a tratar. Ha explicado lo que quiere, y también los motivos por los que alberga tales deseos.

«En tiempos de Toscanini y de Furtwängler ya se filmaron conciertos. Por supuesto que no se tenían entonces ni los medios actuales ni un interés por los filmes musicales parejo al que hoy podemos presuponer. ¿Qué vemos, pues, cuando asistimos a la proyección de los documentos? Conciertos filmados en los que se ve al director desde un lado o de espaldas, y a una orquesta que, como masa anónima, prácticamente no se manifiesta. Ni por un momento vemos lo que nos interesa principalmente: la vinculación entre música, director y orquesta.»

Quien haya tenido la suerte de asistir, aunque fuera una sola vez, a un ensayo de orquesta, sabe lo que Karajan quiere decir. Los escasos documentos filmados que existen de Wilhelm Furtwängler y del anciano Toscanini casi no muestran a los amantes de la música cómo musicaban estos directores. Dejando a un lado la cuestión de la calidad técnica, desde el punto de vista óptico no llegan a ofrecer de la personalidad de estos dos monstruos de la música lo que una vieja grabación de goma nos dice del timbre de Enrico Caruso. La simple narración de ancianos músicos de orquesta presenta a Toscanini y a Furtwängler con más vida que estos filmes.

«Mi primer filme nació en Viena; en colaboración con un director de cine de primera línea, con Henri Clouzot. Eran películas que grabamos en un estudio con los sinfónicos de Viena; requirieron muchísimo tiempo y, por consiguiente, resultaron carísimas. Porque Clouzot provenía del cine, y pensaba en los enfoques de la cámara. Eso hacía que debiéramos reformar y volver a hacer música ante la cámara; que debiéramos trabajar al menos treintaiséis horas en una sinfonía. De ese modo se creaba un material fílmico que debíamos reelaborar y visionar para poder pasar, finalmente, al montaje del filme. Con todo, Clouzot era todo un artista, gozaba de una inaudita capacidad de sentimiento y me dio la posibilidad de aprender mucho de él. Era un individuo eminentemente musical y, también, una excepción entre los posibles directores artísticos. Todo su interés era mostrar al individuo que hace música, al músico de la orquesta, y a la orquesta como comunidad de muchos individuos que trabajan artísticamente. Todavía hoy me siento en deuda con él por el interés y las sugerencias que me dio en aquellas filmaciones.»

Recuerdo que las grabaciones que hicimos en el Rosenhügel de Viena fueron un tormento especial para los músicos de la orquesta. Tenían que esperar pacientemente hasta que Clouzot encontraba un enfoque especial de la cámara, y tuvieron que representar ópticamente su parte en una cinta ya perfecta. Tanto los músicos como los cantantes tenían menos experiencia que hoy en el médium filme, y no estaban en condiciones de dar ante las cámaras toda la intensidad interpretativa que requería cada momento de un concierto de verdad, una reproducción verdaderamente real de la música. A nadie sorprenderá que el trabajo fuera muy difícil en aquellas décadas, y que exigiera unos medios económicos desorbitados. Por otro lado, la escasa calidad que alcanzaban entonces los conciertos por televisión hacía que un músico como Herbert von Karajan no estuviera dispuesto a adentarse por este camino.

«Después vino el tiempo de los *regisseures* creativos. Fui un agente activo en aquellos años y siento escalofríos al recordar lo que se veía en la pantalla. Se acompañó a la música con las ocurrencias de un artista óptico. En el fondo, eran siempre valses, volcanes o las más diversas sensaciones producidas por la naturaleza. Pero no cabía hablar de una verdadera conexión con la música, de la interpretación óptica de una composición. Tal venturoso evento se produjo sólo una vez: en 1937, con la *Fantasía* de Walt Disney. Nunca más volvió a darse. Sin embargo, todos nosotros hicimos aquellos filmes. Algunos de ellos están todavía en el mercado. Otros salen de nuevo al mercado de Japón y de Estados Unidos como vídeos. Y siento muchísimo no poder prohibirlo. No tengo los derechos sobre los filmes, y no puedo prohibirlos a pesar de lo mucho que los odio. Son sencillamente horribles, y abrigo la esperanza y el deseo de que también los vídeos en los que ahora salen al mercado sean una mercancía barata y pasajera.

»Por supuesto, en seguida hubo filmes en lo que también se veía la orquesta. Recuerdo las calenturientas ideas que nacieron y fueron realizadas entonces, las —para un músico— cómicas colocaciones de la orquesta, las vertiginosas idas y venidas de la cámara por encima de nuestras cabezas mientras tocábamos a Beethoven.» Herbert von Karajan no sólo recuerda aquellos filmes, sino que conserva copias de ellos y las enseña de cuando en cuando a sus visitantes. He tenido

Con José Carreras, ensayando *Don Carlos* para el Festival de Pascua en Salzburgo

Por primera vez dirige el concierto de Año Nuevo (1987)

el privilegio de vivir personalmente esa situación curiosa. Karajan mostró un filme musical dirigido por Herbert von Karajan, y esperaba del espectador no sólo un discreto sacudir la cabeza, sino sonoras carcajadas como respuesta a las soluciones ópticas que él mismo llegó a admitir en un determinado momento, pero que le parecen hoy, al menos, ridículas. Él mismo utiliza esos filmes suyos para decirse a sí mismo lo que no hay que hacer. Y es despiadadamente crítico consigo mismo. Cuando alguien puede pensar que Karajan considera pasables sus filmes de aquellos años, éste se divierte riéndose de ellos.

«Me considero el músico que más intensamente se ha ocupado de este tema. Y desde que mi estado de salud me obliga con suma frecuencia a permanecer sentado ante el televisor, soy también el que tiene una visión más amplia sobre la oferta. No conozco a ningún músico de rango que se haya ocupado tanto como yo de los filmes musicales y de todas sus consecuencias. Y eso ha hecho sacar la conclusión que yo extraje hace mucho, muchísimo tiempo, cuando escenificaba personalmente ópera. Llegué al convencimiento de que la única posibilidad de crear producciones según mis ideas era la de encargarme de la *regie* y rodearme de maravillosos colaboradores. Sólo cuando soy *regisseur* de mí mismo es cuando un filme expresa lo que yo deseaba mostrar.» Se pueden interpretar estas palabras como se quiera. Cabe incluso criticarlas. Pero están exentas de toda vanidad. Fueron dichas en serio, y sólo significan lo que dicen. Herbert von Karajan no se sentía satisfecho con la labor de los intérpretes que sólo buscaban el lado óptico, jamás veía en la pantalla lo que quería ver. De ahí que tomara un día la decisión de asumir también la *regie* de sus películas, rodeado de numerosa y capacitada asistencia.

A sus permanentes y fieles colaboradores rinde todo el reconocimiento que ellos se merecen. Karajan sabe perfectamente que unas escasas indicaciones bastan para que su *cameraman* comprenda lo que él desearía ver. Y considera que tal capacidad es un verdadero arte. Se le llena la boca de entusiasmo y admiración cuando habla de la sensibilidad y musicalidad de la joven que se encargada del montaje de los filmes. Ésta tiene un dominio soberano de su oficio. Y sabe perfectamente cuándo tiene que enfocar y adónde. Le gusta presentar, sin altanería, a los que él llama su *team*. Desea que el observador o espectador llegue a darse cuenta de lo importantes, competentes y responsables que son todos los componentes de su equipo. No tiene el menor inconveniente en decir cuándo sus ayudantes se convierten en colaboradores y están en condiciones de hacer realidad las escuetas indicaciones del maestro. Y no se cansa de alabar a los equipos de una empresa privada de los que puede disponer de día y de noche siempre que los necesite. Entona más que un himno por la entrega de estas personas. Y repite con frecuencia que necesita de la iniciativa privada para realizar lo que considera la obra de su vida.

«Desde un punto de vista técnico y financiero, es más sencillo que hace veinte años producir mis ideas. En principio, el procedimiento es muy simple. Antes de la grabación propiamente dicha, contratamos una orquesta joven que, dirigida por uno de mis asistentes, interpreta la música para grabarla en un viejo magnetofón. Tal vez no resulte siempre satisfactorio esto a los jóvenes músicos, pero a mí me permite fijar todos los planos de las cámaras mucho antes de realizar la filmación definitiva, y me da la posibilidad de solucionar de antemano todos los problemas de iluminación antes de que la orquesta entre en acción. Eso me permite ejecutar muchos detalles minúsculos, realizar numerosas correcciones antes de que los músicos de la orquesta se encuentren en la sala; incluso antes de comenzar con el rodaje. Se ahorran así muchos nervios y dinero. Y permite un clima de sosiego y concentración en las tomas mismas.» En efecto, las pruebas de iluminación resultan pesadísimas tanto para la orquesta joven como para quien dirige los ensayos. Pero tienen que ser músicos que sepan estar ante las cámaras, pues Herbert von Karajan quiere ver ya en ese momento de los ensayos lo que no podrá examinar más tarde en su calidad de director de la toma fílmica. «Se trata aparentemente de pequeñeces, pero esas minucias son esenciales y deben estar en orden. Quiero examinar cada una de las imágenes de lo que posteriormente pasará al filme. Deseo estar completamente seguro de que los violines estén sentados de manera que el arco de un violín no baile después delante de mi nariz. Y quiero tener la posibilidad de descubrir en estos ensayos lo que un arco de violín es capaz de expresar. Si se comprueba que aparece en el momento justo como un oscilógrafo en el margen inferior de la pantalla, entonces el trabajo previo no significa sólo ahorro de un dinero, sino también un resultado artístico.»

Herbert von Karajan alcanza la perfección posible tratando de descubrir y evitando los posibles trastornos. Hace posible la concentración en las tomas «auténticas» cargando lo menos posible a los músicos de su orquesta con ensayos de tipo técnico. Cuando hace música con ellos tiene que estar resuelto lo que no se pudo resolver de antemano. Los cámaras deben saber lo que se espera de ellos. Debe estar fijado y dispuesto todo lo concerniente a la iluminación. A veces se llega a conseguir todo eso.

«Viene entonces la orquesta y hacemos dos tomas; a lo sumo, tres. De ese modo se consigue lo verdaderamente satisfactorio: así hemos realizado todas las tomas; además, en directo.»

Karajan, que perdió hace bastante tiempo el gusto por las tomas naturales intercaladas, y filma de forma muy concreta en una sala de conciertos, ha desarrollado un «sistema» que considera ideal y practica de forma sistemática. Primero coloca a la izquierda de la orquesta todas la cámaras de que dispone; luego las sitúa a la derecha. Además, pone en la orquesta otra cámara que mira permanentemente al director. Y hace que otra cámara filme «el conjunto» cuando se vayan a hacer tomas del público. De eso modo consigue tener también la imagen, altamente convencional, de toda la orquesta en el estrado. Tras las tomas, hechas a veces en dos días, tiene dos filmaciones, a veces dieciséis, de una sinfonía: según el número de cámaras que hayan intervenido en la filmación. Es el material bruto del que puede disponer en el montaje definitivo del filme. Y ha conseguido todas esa filmaciones musicando de cabo a rabo dos veces la obra.

Son éstos los prenotandos técnicos sobre los que informa con fruición. Pero —como es natural— son más importantes para él los requisitos artísticos, de los que apenas le hemos oído hablar todavía.

«Cuando, tras haber hecho muchas filmaciones con directores de cine y de televisión, decidí ocuparme personalmente de la dirección artística de mis propias producciones, pasé dos días en Italia con un experto, en una especie de clausura. Él me ayudó a encontrar mi camino preguntándome una y otra vez, desafiándome de forma inaudita. Jamás olvidaré todo lo que me ayudó con una pregunta aparentemente tan simple como: "¿Qué ve usted?" No cesó de provocarme con una segunda pregunta: "¿Qué ve usted ahí" Pondré un ejemplo sencillo. Dos personas vienen hacia nosotros. ¿Qué vemos? Dos personas ¿Hombre y mujer? ¿Dos chicas? ¿Dos hombres? ¿Qué nos llama la atención en ellos? ¿Cómo los describimos con más detalle? ¿Cómo caminan? ¿Vienen separados o juntos? Y sobre todo, ¿por qué nos interesa el hecho de que dos personas vienen hacia nosotros? ¿Tienen algo suficientemente importante como para que tomemos conciencia de ello? ¿Qué queremos comunicar con la imagen de dos personas que se acercan hacia nosotros? Durante dos días traté de responder seriamente a estas preguntas de apariencia tan sencilla. Al fin caí en la cuenta de lo que deseaba hacerme comprender mi interlocutor, y supe las conclusiones que debía sacar. Me había mostrado en el médium filme un problema que yo había percibido mucho tiempo antes y que trataba de resolver cada día, desde hacía varias décadas. El problema se llama —lisa y llanamente— interpretación.»

Procuraremos no interrumpir durante algunos párrafos a Herbert von Karajan, pues todo lo que ha dicho sobre este tema, que tanto le preocupa, se encuentra en una declaración no auténtica, ya que su plasmación escrita es hija de varias conversaciones confiadas a la cinta magnetofónica. El tema se titula interpretación.

«Pregunta verdaderamente antiquísima es la que dice: ¿Qué hace realmente el director, para qué se le necesita? ¿No basta con que se limite a dar la entrada y se esfuerce en que los músicos toquen con exactitud todas las notas que hay en la partitura? ¿Se le necesita para algo más?

»La respuesta a esta pregunta es complicada. Efectivamente, en el fondo, jamás ha existido un escritor de música para orquesta que haya escrito una sola nota de su partitura con la claridad que se exigía al ejemplo de las dos personas al que nos hemos referido hace un instante. En torno a cada nota escrita por un compositor surgen muchísimos interrogantes. De ahí que se debieran dar también numerosas respuestas. Porque no se refieren sólo a la nota concreta, no se centran únicamente en su valor concreto, y sólo podrá responderlas el que tenga en cuenta todo el contexto de esa nota; en una voz, pero simultáneamente en todas las voces que resuenan. Incluso si se diera respuesta a todas esas preguntas, no por ello habría solucionado el director todos los problemas y dado con su mejor solución. Además de todo eso, tendrá que respetar y calibrar a cada músico y sus relaciones recíprocas. También el local en el que se toca y otras muchas componentes.

»Además de todo eso, el director debe recordar que los compositores de todas las épocas se quejaron de haber contado sólo con posibilidades imperfectas para plasmar sus ideas: notas en un papel blanco, pautado, con algunos sostenidos y bemoles, con algunas otras fórmulas de uso general a las que, sin embargo, cada compositor confía algo específicamente suyo...

»Por consiguiente, dado que ni la más exacta reproducción de todas las indicaciones consignadas por el compositor refleja —probablemente— todas las ideas de un creador de música, opino que una

Karajan con Juan Pablo II, con motivo de la interpretación de la misa de Mozart en la Basílica de San Pedro del Vaticano

obra musical no nace cuando se la escribe en un papel pautado, ni cuando se toca lo más exactamente posible lo escrito. Nace cuando un director se pone delante de la orquesta y aborda esa obra musical según su saber y entender. Nace entonces, cuando él la interpreta; renace constantemente y con nuevo aspecto, porque se trata de una obra de creación que el director lleva a cabo. Y siempre interpreta de manera distinta los matices.

»Max Plank dijo atinadamente que un fenómeno cambia de nuevo cuando se le quiere examinar. Como ejemplo sencillísimo a favor de la anterior afirmación suelo referirme al copo de nieve: cuando queremos examinarlo detenidamente, ya ha cambiado. En la mano, bajo el microscopio. Y lo que acontece con un copo blanco sucede con cada punto negro que se encuentra en el papel. Cambia cuando se le quiere interpretar. Pero hay que interpretarlo. De lo contrario carecería de sentido.

»Dicho de forma brevísima, ésa es la tarea principal de un director, si dejamos a un lado todo lo demás que sale a la luz en un ensayo. Esa tarea se llama interpretación.»

Intención expresa de Karajan es representar también ópticamente ese modo de interpretación. Para eso quiere sus filmes musicales. Y trata de conseguir tal representación disponiendo de muchas tomas de todos los momentos de una reproducción acústica, y preguntándose compás a compás cómo puede hacer visibles las relaciones musicales. Cualquiera comprende que están de sobra las filmaciones de unos altos hornos, de un volcán en erupción, o las vertiginosas pasadas de la cámara sobre una gran orquesta. Todo eso no haría más que distraer. Nada diría de la música a la que Karajan da a luz.

El filme musical es pues para él un medio ideal de transporte de sus ideas. Porque él —Karajan— quiere obligar a los oyentes a ver justamente aquello que, en la intención de Karajan, se presta para representar la música.

En la sala de concierto se encuentra el oyente un tanto abandonado a su suerte. Puede ver el conjunto de la orquesta o seguir al director cuando éste marca entradas clarísimas, pero llegará siempre «demasido tarde». En muchos casos ni siquiera llegará a descubrir al músico que toca en ese momento «lo más importante». Además, el oyente puede distraerse en la sala de conciertos enfrascándose durante minutos en un detalle del techo de la sala, o sentirse molestado por otro asistente al concierto.

Opina Karajan que casi nunca le ofrecen lo que él espera de la asistencia a un concierto: una introducción indeleble en la música. «Y puedo demostrarlo. Cuando se construyó la Berliner Philharmonie y nos trasladamos al nuevo edificio, se preguntó a los abonados qué localidades elegían. Naturalmente, se vendieron primero todas las localidades que habían escaseado hasta entonces en una sala de conciertos: localidades desde las que se podía ver directamente al director y a la orquesta. En la nueva sala, que reconquistamos tras algunos experimentos y en la que podemos tocar ahora de forma que todos los asistentes disfruten de una acústica ideal, se ocupan primero aquellas localidades que, además de tener buena acústica, se encuentran cerca de la orquesta y permiten ver el rostro del director...»

Karajan, al que —como a todo director— se le reprocha que da importancia a los aspectos externos y escenifica su presencia y sus gestos, desbarata tales reproches con sus explicaciones. Piensa, en primer lugar, que debe ser vivencial para cada músico de la orquesta. En segundo lugar, sabe que cada uno de sus gestos sirve no sólo para entenderse con sus músicos, sino también para estimular al público. «El filme musical ofrece la inigualable posibilidad de mostrar verdaderamente al director. Con ello no sólo se satisface un deseo del público, sino que se ayuda a comprender la música, si se utilizan correctamente las imágenes. En el transcurso del filme musical hay muchísimos momentos en los que se debe mostrar también la relación entre el director y los músicos. Eso ayuda a explicar la partitura. En un filme musical hay muchísimos momentos en los que se puede prestar ayuda. Por ejemplo, no sólo es anticuado, sino equivocado, concentrarse en mostrar siempre al músico que debe tocar la parte principal en ese instante. A veces hay que hacerlo. En otras ocasiones habrá que mostrar su instrumento como símbolo de una frase. Y en otros momentos se deberá dejar de lado el instrumento para mostrar la intensidad que el intérprete mismo evidencia en ese instante. Hemos ensayado con todo esto y hemos llegado a las reglas más diversas, contradictorias entre sí: un solo arco de violín puede, filmado en el momento adecuado, mostrar la embravecida energía de toda la orquesta. Están, además, los músicos que toman aliento y que dicen algo con esa actividad. Pero siempre hay una cosa importante: encontrar el ritmo correcto en la secuencia fílmica y dejar de pensar que se puede reproducir linealmente la música.»

Por el camino de las filmaciones para una de las películas musicales para Hotel demuestra Herbert von Karajan, sin proponérselo, cuán importante es para él ese instinto para dar con el ritmo en cada situación. Hace que su chófer le lleve en coche por Viena en los momentos de mayor tráfico, y da a su conductor las entradas para el momento en que debe empezar a pisar el freno. Si se respira entonces con él se percibe por primera vez que Karajan es capaz de tensar cada movimiento físico en un ritmo musical. Él marca el compás y el coche desacelerará suavemente, y llegará a detenerse en el punto correcto de la calle. La parada coincidirá con el final de un compás. Karajan entrena esto —con humor y paciencia— durante un largo trecho del camino, y siempre acierta. Es capaz de atinar con la entrada incluso en las más complicadas situaciones de tráfico; cuenta, y el coche se detiene —diríamos— en el último cuarto. Antiguos acompañantes del director se sintieron fascinados por la pericia con que Karajan pilotaba. Sus colaboradores no se cansan de ponderar lo seguros que se sienten cuando él va al volante. Y su algo preocupado interlocutor comprende esto sin haberlo experimentado en sus propias carnes. Karajan hace música a su manera incluso cuando conduce un avión o un coche. Precisamente por eso no puede pasar nada. Hay algo incomparable en Karajan: su manera peculiar de determinar el ritmo y de conducir según su voluntad. De otro modo, uno no se sentiría seguro.

«Resulta excitante comprobar todo lo que se puede fotografiar. Ver que cabe fotografiar una motivación musical. Y cómo depende todo de una décima de segundo. Baste un ejemplo: en el concierto, el público ve al coro detrás de la orquesta, espera su entrada y luego comienza a cantar. Ese público sólo ve entonces una masa de personas que cantan. En el filme se puede crear una tensión inaudita —presente en la música— si se fotografía el diminuto instante que precede a una entrada del coro. Por consiguiente, lo importante no es que la cámara sepa cuándo funcionará, sino que muestre y sugiera la tensión que siente cada cantor antes de abrir la boca. Viene a continuación la entrada, que es como un latigazo para el espectador y oyente.»

Para Herbert von Karajan, la filmación de una obra de acuerdo con el método bosquejado por él es sólo el principio del trabajo. Si bien dispone de quince filmaciones, las concibe como esqueleto de un filme musical. Con las quince filmaciones comienza a construir una —en prolongado trabajo durante muchos días, y de acuerdo con un plan establecido— a la que calificará de versión tosca, que irá puliendo mediante la inserción o sustitución de innumerables tomas. Los pasos musicales u ópticos se simbolizan mediante imágenes tomadas en el lugar del concierto o en decoraciones hechas expresamente para tal cometido. A los músicos concretos y los grupos de instrumentos se utilizarán una vez más de acuerdo con otro plan, y rubrican su musicar en una cinta magnetofónica declarada como plasmación válida y definitiva de su interpretación. Sólo Karajan y su *cameraman* saben qué tomas necesitan para tal o cual compás. Discuten estos puntos en innumerables y brevísimas conversaciones secretas que deben celebrar. Karajan y su *cameraman* han almacenado en sus cabezas tanto el decurso musical como el óptico, compás a compás. Y saben —puesto que trabajan permanentemente en varios filmes— dónde tienen que filmar esta o aquella toma para tal o cual película. Es fascinante poder escuchar esas conversaciones en las que se discute de estos puntos. A la ya considerable dificultad de compaginar las fechas se suman los compromisos de los músicos de la orquesta que colaboraron en el filme hace semanas o meses y que deben estar disponibles de nuevo.

Aunque el gran proyecto Home-Video es una empresa con personalidad jurídica propia y cuenta con innumerables colaboradores, uno tiene la impresión de que —al fin de cuentas— Herbert von Karajan es lo que quiere ser, el único responsable. Eso significa —según su propia interpretación de la responsabilidad— que se ocupa personalmente hasta de los preparativos para las tomas más breves, y tiene en su cabeza los planos según los cuales hay que repartir y preparar a los músicos. Él confirma esto a su manera: «Lo he repetido en numerosas ocasiones. No he nacido para trabajar siguiendo la voluntad de otros. Me quedo plantado hasta que consigo exactamente lo que quiero. Siempre aguardo hasta que es posible plantear con absoluta libertad mis exigencias y verlas cumplidas. Otro tanto sucede con mis filmes. Deben manifestar mi manera de musicar de una forma de la que soy el único responsable. Así deben perdurar y sobrevivir al paso del tiempo.» Esto es (Herbert von Karajan coloca tales frases no al principio de sus cavilaciones, sino que las va dejando caer esporádicamente como verdades evidentes) la esencia de su trabajo actual. Hace sus filmes musicales «con absoluta libertad», siguiendo única y exclusivamente su propia voluntad. Fundó una firma para ellos y le dio un nombre. Contrató colaboradores para ella, y sabe con absoluta precisión en qué circunstancias quiere acercar esos filmes a un estrato de gentes también determinado por él. Telemondial, con sede en Mónaco, es la firma que produce los filmes de Karajan. Según éste, algunas instituciones o personalidades participan en ella. De hecho, Telemondial es algo que Karajan se regala a sí

Karajan en 1988. *(Foto EFE)*

mismo. «Muchísimas personas tienen *hobbys* o aficiones costosísimas. Yo me permito el lujo de esta empresa e invierto no sólo una aportación financiera que se podría medir por la altura de mis honorarios. Invierto principalmente todo mi tiempo y mi pasión por el arte.»

Hay contratos. Las grabaciones del sonido nacen en estrechísima colaboración con la firma con la que Herbert von Karajan tiene un contrato para grabar discos. Por lo general, una firma privada con sede en Suiza suele poner a disposición del maestro todo el material técnico y los cámaras. Para las filmaciones operísticas existen acuerdos especiales con sociedades de televisión. La principal regla que Herbert von Karajan impone siempre es la de que sus más íntimos colaboradores participen en la toma de decisiones sobre cuestiones importantes. La colaboración con una empresa privada permite a Karajan la posibilidad de filmar con eficacia y sin pérdida de tiempo. Se trabaja de acuerdo con los principios de la economía privada. Siempre que Karajan lo juzga necesario puede disponer de todos los equipos y materiales, y ninguna burocracia le frena sus apasionamientos. Cuando Herbert von Karajan echa una mirada retrospectiva y pone una fecha al comienzo de la gran obra con la que él desea sobrevivir, señala la fundación de los festivales de Pascua. «Aquél fue el momento en que tomé la decisión de hacer sólo aquello que yo puedo conducir y para lo que no tenga que preguntar por el parecer de nadie.» Por lo que atañe a los filmes operísticos, Karajan lamenta no haber tenido entonces ni la energía ni el tiempo para haber comenzado inmediatamente a hacer las necesarias filmaciones por su cuenta y riesgo. Entonces tenía aún una relación contractual con Leo Kirch, con el que tuvo profundas divergencias al final. Sus filmes operísticos, pertenecientes aún a la firma de Kirch, son para Karajan hijos extraviados, con los que ha perdido todo contacto. De la lista de producciones escénicas que no filmó en Salzburgo, y que considera de valor, nombra Karajan *Boris Godunov, Salomé* y *Los maestros cantores de Nuremberg*. Y confiesa con toda franqueza: «Pienso con gran alegría en aquellas representaciones, y lamento profundamente que no se puedan filmar más. Es ya demasiado tarde. Ya no dispongo de los repartos ni de las decoraciones. Y tampoco me creo con las fuerzas necesarias para llevar a cabo tal empresa. Para ser fiel a mis propias ideas, debería comenzar por buscar un reparto actualmente ideal, y después empezar desde el principio. Pero eso es ya completamente imposible. Ya peché una vez con esa carga o alegría, según se la quiera llamar. Pero no puede haber una segunda vez.»

De hecho, en los planes para los próximos años habría que encontrar un hueco para algunas de las producciones salzburguesas, se debería disponer de los planteles que Karajan considera ideales. Sólo entonces se podría llegar con las grandes emisoras a los acuerdos habituales en las representaciones operísticas. Esas empresas pondrían a disposición toda la parte técnica, conseguirían el derecho de la transmisión en directo o en otro momento posterior, y dejarían a Telemondial el material del que, en ocasiones, Karajan podría crear sus propias versiones fílmicas. Cuando él afirma abiertamente que es ya demasiado tarde, debemos evitar interpretar al pie de la letra sus palabras. Las cintas tomadas hasta ahora para sus filmes operísticos o de concierto están en Suiza, en una caja fuerte. Las copias con las que Karajan trabaja ocupan metros de estanterías en el sótano, junto a su propio estudio de montaje. A pesar de todo, él no pierde la calma. «Hemos reunido el material básico para un *repertoire* considerable. Queda muchísimo por filmar, y pueden pasar bastantes años antes de que yo pueda sacar todas las versiones definitivas. Pero he acaparado lo que he trabajado, y sé que mi trabajo no ha sido en vano. Si salimos de nuevo al mercado, lo haremos con una oferta de una amplitud que nadie podrá igualar.» Karajan está seguro de esto. No sólo porque confía en su capacidad de trabajo, sino porque no conoce a alguien que le haga una competencia seria. Opina que ninguna otra firma trabaja con exigencias como las suyas. Sabe que ninguno de sus colegas se entregaría a una tarea similar. Está convencido de que la calidad que él ofrece terminará por hacer fluir abundante dinero a sus arcas.

Lo que planifica, elabora y perfecciona en cada minuto libre es realmente la obra que desea legar a la posteridad y en la que intenta compendiar y preservar su concepción de la música y su condición de testigo de una importante época de la interpretación musical. «Conozco las acusaciones que se lanzan contra mí. También sé que el mundo musical no cesará de cambiar. Eso no me molesta. Yo tengo algo que decir y legar a la posteridad. Y sé que nadie puede sustituirme en mi trabajo.»

Y Karajan está convencido de que no es la vanidad personal la que le empuja a legar a las generaciones venideras no sólo discos, sino también filmes. «Ya he contado en alguna ocasión que me fui en *bici* a Bayreuth para poder vivir personalmente la forma de traba-

Karajan y su esposa Eliette a la salida de la clínica en París (5 de octubre de 1988). *(Foto EFE)*

Dirigiendo un ensayo de la Orquesta Filarmónica de Berlín. *(Foto EFE)*

jar de Toscanini. Habría estado dispuesto incluso a ir de rodillas para encontrar allí un documento que me permitiera ver cómo dirigía Hans Richter. Él fue el auténtico intérprete de Wagner. Fue —como yo— director concertista de la Sociedad de los Amigos de la Música. Fue un director ideal de su adorado Johannes Brahms. Dirigió por última vez en el año 1912. Pero no tenemos más noticias acerca de su modo de hacer música. Podemos leer en los diccionarios especializados que Brahms le alababa por su «especial fidelidad a la obra». Pero desconocemos cómo sonaba en las interpretaciones brahmsianas de Hans Richter lo que Brahms llamaba fidelidad a la obra. Soy para las generaciones venideras —al menos así me veo yo— como una especie de testigo último de nuestro tiempo. Como creo en el futuro de la música, creo también en el interés y en la curiosidad de las generaciones futuras. Y como creo en la manera de musicar que yo represento, creo que satisfago ese interés de varias generaciones venideras.»

En el octogésimo año de su vida y —como siempre— observado con preocupación por todo el mundo, Herbert von Karajan se retira —más de lo que la gente piensa— a sus laboratorios privados y mezcla los filmes a los que trata con el sumo respeto que, según él, merecen los documentos.

Aunque en el terreno del filme musical ya no se puede hablar de un estadio de experimentación, sin embargo no se han alcanzado ahí iguales cotas que en el amplio campo de la reproducción de la música en discos; últimamente en el disco compacto. Y Herbert von Karajan es —lo sabe y puede demostrarlo con numerosas anécdotas— uno de los más antiguos testigos vivos de la historia del disco. No existe una lista completa de sus grabaciones, pero la simple lista de las obras dirigidas por él que están a la venta es impresionante, y desata en los observadores sentimientos teñidos a veces de envidia e incluso de odio. ¿Existe algún segmento de la música en el que Karajan no haya dejado su huella? ¿Cabe encontrar algún reducto que no le interesara? En absoluto. Durante más de cincuenta años ha hecho grabaciones con todas las orquestas importantes y con casi todos los solistas de primerísima fila. Independientemente del futuro que pueda esperar a Home-Video, la evolución musical de Herbert von Karajan está perfecta y abundantemente plasmada en los discos. Y el número de éstos es tan amplio que resulta casi impensable poder editar un día una colección Karajan completa.

Él mismo califica de «suerte indescriptible» haber podido vivir personalmente la evolución y desarrollo de ese medio. En la actualidad, no sólo tiene una opinión particular sobre la técnica de la grabación y acerca de la interpretación, sino que siente gran contento al narrar los primeros balbuceos del disco.

De hecho, no recuerdo que sus puntos de vista confiados a la grabación magnetofónica contengan algún ejemplo ilustrativo de su humor acerca de lo que se puede escuchar todavía en viejísimos discos de interpretaciones beethovenianas de aquellos directores a los que Wilhelm Furtwängler veneró. Según Karajan, se escuchan ruidos de todo tipo, algunos atisbos de Beethoven. También apunta que Franz Schalk imprimía *tempi* rápidos. Quien esté familiarizado con los discos antiguos tal vez pueda hacerse una idea de lo excitante que resulta ver cómo Herbert von Karajan imita a las agujas rasgueantes y los casi imperceptibles fragmentos beethovenianos. Simultáneamente, hay que darse por satisfecho con esa alusión, que escapa a toda plasmación por escrito.

De las grabaciones que él mismo realizó cuando apenas tenía venticinco años se acuerda Karajan no sólo porque nacieron en unas circunstancias cargadas de dificultades, sino porque con su recuerdo quiere regresar el de los magníficos progresos realizados en ese campo. «Hay que hacerse una idea de cómo se musicaba entonces. Tocábamos para grabar en discos de cera. Existía una simplicísima construcción técnica que hacía posible un plazo de circulación lo más regular posible y cada grabación duraba a lo sumo cuatro minutos. Si se colaba un error y la máquina dejaba de funcionar durante ese tiempo, había que repetir, tantas veces como fuera necesario para llenar lo más justamente posible esos cuatro minutos. Esos condicionamientos de la técnica ponían nerviosos a los músicos. Eso significa que cualquier error que se cometía, se repetía no sólo una vez, sino constantemente. A veces, hasta que el músico en cuestión estaba demasiado cansado como para poder tocar aún correctamente. Y ese simple hecho creaba dificultades que mantenían constantemente en tensión no sólo a los técnicos de grabación, sino —sobre todo— al director y a los músicos. Y, naturalmente, ocurrían todas las cosas cómicas que se suelen contar y que yo he vivido personalmente casi al ciento por ciento. Por ejemplo, que —tras numerosos intentos— llegáramos a tener en el disco una grabación de cuatro minutos casi perfecta, pero —por desgracia— también el agradecido suspiro del músico que —¡por fin!— había evitado el error. Naturalmente, eso significaba que debíamos volver a comenzar desde el principio.»

La rememoración de tales anécdotas convierte a Herbert von Karajan casi en un anciano narrador de anécdotas. Y recuerda también que el padre de un filarmónico vienés fue —en aquellos días legendarios— el primer locutor radiofónico que, tras leer las últimas noticias, cerró con una cita de Götz (drama de Goethe que idealiza a Götz como el último defensor del derecho y la justicia, e inaugura el movimiento literario llamado *Sturm und Drang).* Creyó que no estaba ya en las ondas, pero su micrófono seguía abierto. Temió que lo lincharan por aquello, pero se ganó la simpatía más rendida de los radioyentes. Sólo con su pertenencia a la Filarmónica de Viena, el hijo de aquel locutor, flautista, hizo que Karajan recordara la anécdota todavía en 1986. El hecho de que girara en torno a un micrófono no cerrado a tiempo la convirtió para Karajan en graciosa y digna de ser contada.

En numerosas ocasiones ha comentado Herbert von Karajan que también en tiempos posteriores, con los filarmónicos de Berlín, cuando la técnica había mejorado ya bastante, tuvo que pelear para conseguir unos minutos tranquilos en las grabaciones de discos. «Cuando la Philharmonia no existía aún ni disponíamos de un estudio ideal, hacíamos nuestras grabaciones berlinesas en una iglesia que daba directamente al aeropuerto de Tempelhof. Y eso significaba que todos los aparatos se habían modernizado, pero que, con frecuencia, sólo disponíamos de tres minutos libres de interferencias. Por consiguiente, también entonces resultaban inservibles muchas tomas, y los músicos se ponían nerviosos en seguida. También allí hubo que dejar de hacer música al cabo de cierto tiempo.»

Karajan, el director que más ha cuidado la producción de un disco trabajando también en el estudio después de su grabación, utiliza todas las técnicas disponibles, y —como músico— se interesa de manera especial en grabar «de un tirón» al menos un tiempo de una sinfonía. Al margen de las cambiantes modas de grabar directamente un concierto y trabajar después, cuidadosamente, las producciones en el estudio, o de los discos perfeccionados con escasas inclusiones, piensa Karajan que la capacidad de musicar bien sufre cuando no se está en condiciones de grabar de una tirada amplios tramos, para lo que se necesita, naturalmente, mucho más que las posibilidades técnicas de las que se dispone en la actualidad.

«Cuando hablo de progreso técnico no me refiero a la cinta magnetofónica, a la estereofonía o a cualquier otro sistema. Recuerdo sobre todo que cuando comenzamos a ensayar las sinfonías de Beethoven con los filarmónicos de Berlín tuvimos que perder muchísimo tiempo en probar los micrófonos. Durante las treinta y seis horas siguientes tuvimos que dar con la correcta instalación de los micrófonos que cada caso requería. Las composiciones de Beethoven no son las ideales para discos. Constantemente tuvimos que cambiar, además de la disposición de la orquesta, la ubicación de los micrófonos, para poder transmitir, al menos de forma aproximada, la impresión que Beethoven habría exigido. Dije entonces a Walter Legge que mi paraíso en la tierra sería entrar en una sala o en un estudio, expulsar al *rock* y poder hacer música. Y he vivido esa evolución. Lo que en otro tiempo consideré como paraíso es posible hoy en firmas verdaderamente profesionales. Se presenta uno, hace algunas breves pruebas, puede olvidarse después de todos los micrófonos y concentrarse en la música.» Karajan es, sin duda, lo suficientemente realista como para apuntar que ese estado ideal ya alcanzado abarata las grabaciones discográficas. Los honorarios que exige y recibe hoy por «sesión» una orquesta puntera encarecerían infinitamente las grabaciones en las antiguas circunstancias. Las fechas de que se dispone hoy para la grabación de discos reducirían considerablemente el número de nuevas reproducciones si siguieran vigentes las condiciones técnicas de tiempos pasados.

Karajan se deja llevar por el goce del recuerdo en el tema del disco. Naturalmente, también recuerda algunas catástrofes. Cuando, después de la segunda guerra mundial, hizo grabaciones para EMI con los filarmónicos de Viena, en la Gran Sala de la Musikverein, siempre tuvo grandes dificultades para conseguir suficientes fechas libres de la orquesta. A pesar de la alegría que producía la seguridad de cobrar en moneda extranjera, los filarmónicos tenían a veces tantos compromisos en la Ópera, en giras o en conciertos, que era difícil grabar una sola sinfonía en el lapso de seis semanas. Pero, según Karajan, la orquesta se encontraba entonces «en una situación» que permitía mantener durante seis semanas el ambiente necesario y hacer una grabación cerrada en sí misma. Por supuesto, también en discos de cereal.

«Después —nunca lo olvidaré—, los discos volaron a Londres. Yo estuve presente. Todo el material fue cargado en un *Dakota*. Tuvimos que aterrizar en Francfort para repostar. Cuando esperábamos aún en el aeropuerto se echó la niebla: tuvimos que caminar a tientas por la pista de vuelo en busca de la salida, y debimos pernoctar en la ciudad. A la mañana siguiente supimos que el ochenta por ciento de los discos se habían helado y fracturado. La música que habíamos hecho durante muchas semanas, todo nuestro concienzudo trabajo, se había ido al traste para siempre.»

Cuando uno escucha una y otra vez, de labios de Karajan, este «episodio» llega a entender lo que significa para él malgastar energías. Y también comprende que la cinta magnetofónica es el instrumento técnico más apreciado por el maestro. El procedimiento desarrollado originariamente en la guerra pudo utilizarse más tarde para registrar sonidos. Llegó un día en que estuvo suficientemente perfeccionado y era lo bastante barato como para ser utilizado. «La cinta magnetofónica nos liberaba a los músicos del castigo de tener que comenzar desde el principio cuando se cometía un fallo. Y nos daba la posibilidad de continuar haciendo música pasando por encima de numerosos errores mínimos. Supimos de pronto que se podía hacer música casi libres de toda preocupación. Aquello fue realmente la gran revolución en el campo del disco. El alivio de los músicos me parece más importante y mayor que la fascinación de los técnicos, fascinados desde un principio por la idea de construir una grabación perfecta con interminables y pequeñísimas unidades de cinta magnetofónica. Naturalmente, en principio existe también esa posibilidad; pero ésta es secundaria para un músico. En la historia de los registros de discos se ha probado todo, se han insertado tonos agudos de tenores o se han conseguido cosas refinadísimas mediante el bricolaje. Pero me parece magnífico o que se estuviera también dispuesto a olvidar todo eso.» Para Karajan es natural que, en la era del disco compacto, del que es un fanático, se haya vuelto al sistema de hacer registros musicales cuanto más «naturales» mejor, dejando todos los artilugios técnicos para eliminar posteriormente errores de bulto.

Cabe recordar aquí que Herbert von Karajan —se lo han llegado a reprochar incluso como fallo— ha entendido y experimentado oportunamente toda innovación. Cuando Hubert Bognermayr, de Linz, le ofreció la posibilidad de desarrollar —mediante la elaboración digital de la sonoridad— un programa de sonidos que permitiera transmitir de forma ideal las campanas compuestas por Richard Wagner en *Parsifal*, Karajan aceptó inmediatamente la sugerencia, y se dejó convencer para utilizar en los festivales de Pascua no sólo la Filarmónica de Berlín, sino también un programa de computadora. Él no menciona estos detalles en la conversación, pues siempre ha estado abierto a aceptar inmediatamente cuantas innovaciones se presentaran. Puesto que consideraba natural tal postura abierta, siempre fue un precursor. Pero tampoco suele hacer referencia a esto. Se limita a decir que ha pasado su vida asistiendo activamente a las diversas etapas evolutivas del disco.

«Para nosotros, los músicos, la cinta magnetofónica y sus posibilidades fueron un gran alivio. Sencillamente porque el tormento de las brevísimas grabaciones que se debían tocar constantemente con una nueva emoción creaba situaciones delicadísimas, y era fantástico poder dedicarse, por fin, a la música antes que a cualquier otra preocupación. El desarrollo del disco de larga duración era justamente el polo opuesto para el oyente, para el consumidor. De pronto, se liberaba de tener que estar cambiando los discos en cada momento, y podía escuchar música como música.»

Herbert von Karajan no tomó en serio, no participó activamente en una fase breve, casi olvidada. No consideró la cuadrafonía como un ulterior desarrollo necesario del disco. No podía ofrecer, según él, algo muy importante: transmitir con mayor nitidez al amante de la música lo que un músico quiere expresar. Por el contrario, se sintió fascinado desde un principio por el disco compacto. Y se enroló en la aventura. Gracias a la amistad que le unía con el fundador y primer presidente de Sony, así como con el hijo y sucesor de éste, Karajan pudo seguir de cerca, desde un principio, el desarrollo del sistema. Y se declaró siempre dispuesto a garantizar que las presentaciones alcanzaran el debido eco en la opinión pública. Aunque tiene una gran capacidad memorística y recuerda que se afirmó hace bastantes décadas que el disco había alcanzado su perfección, no se sonroja al decir que el disco compacto ha logrado un nivel que difícilmente será superado por el ulterior desarrollo de las técnicas de grabación.

Karajan precisa, expone con mayor detalle, lo que quiere decir: «Naturalmente, sé que el progreso técnico es algo que nunca tiene fin. Ya se ha lanzado al mercado (demasiado pronto después del disco compacto) la cinta digital, con lo que quizá se haya dañado el rápido crecimiento del disco compacto. Indudablemente, ese rápido ulterior desarrollo de la industria ha ocasionado daños financieros y no fue precisamente amistoso con el arte.»

Se entiende fácilmente lo que Karajan quiere decir. El disco compacto está muy lejos de poder ofrecer todo el repertorio que los amantes de la música desearían tener. Y el «mercado» dista mucho de estar saturado. Hay todavía muchos amigos de la música que ni siquiera cuentan con el correspondiente aparato reproductor. A pesar de tales circunstancias, algo «nuevo» sale al mercado. Además, existe el peligro de que eso nuevo devalúe una propiedad especialmente importante del médium casi nuevo.

La cinta digital permite copiar grabaciones de un disco compacto. Ofrece la posibilidad de hacer cuantas copias se quieran, y da una oportunidad a los «piratas», que siempre fueron los enemigos naturales del disco, y a los que el disco compacto debería combatir. «Pero volvemos a las andadas. Gracias al disco compacto desaparecía por fin la posibilidad de que un *amateur* se consiguiera unas reproducciones de igual valor técnico o que hiciera copias para amigos. No disponía para ello de los medios técnicos ni de la oportunidad de hacer un día sus grabaciones con tales medios. Y los registros de baja calidad terminarían por no resultar rentables a los "piratas". Pero he aquí que la ambición de los ingenieros ha dañado a la industria, a los artistas y, en cierto sentido, también a los amantes de la música. La industria se encuentra con mayores dificultades para imponer su propio nuevo producto. Los artistas no conseguirán cobrar todos sus derechos de autor mientras constatan que circulan por el mundo innumerables grabaciones para las que ellos han tenido que ensayar y tocar, pero por las que nadie les paga el precio convenido contractualmente. Y el amante de la música no sólo tendrá cierta mala conciencia de valerse del robo, sino que se encontrará de nuevo con unas grabaciones de inferior calidad, y a tan bajo precio que puede reproducirlas en cualquier aparato barato. En consecuencia, nunca podrá escuchar la calidad de las grabaciones no piratas. Pero es ésta una cuestión preferentemente comercial en la que no quiero entrar. Estoy convencido de que la técnica de registro —en el curso de una prolongada evolución— ha encontrado en el sistema digital lo que los músicos siempre hemos deseado. En principio es posible transmitir al oyente la vivencia sonora que el intérprete ha querido comunicar en el registro y en la imprescindible reelaboración subsiguiente. Si de mí dependiera, la industria debería concentrarse ahora principalmente en desarrollar más los aparatos de reproducción para hacer posible que el amigo de la música escuche en el lujo sonoro lo que ya es posible registrar.»

En el párrafo anterior han emergido los términos calidad como una característica en la que cree Herbert von Karajan, sonoridad y lujo. Esos tres términos son santo y seña de lo que el maestro ha buscado durante los últimos años con sus grabaciones discográficas. «Creo que en los registros para discos como para filmes no ha habido la suficiente preocupación por lo principal: el sonido que escucha el amante de la música, y la relación de este sonido con la vivencia musical que se le ofrece en una sala de conciertos.»

Para Karajan existe ahí una enorme diferencia. En la sala de concierto el amante de la música escucha una música viva, que nace en aquel instante. Es posible, en cambio, que el detalle del sonido no difiera mucho del que puede escuchar en otro lugar. Desde luego, opina Karajan, en el momento del concierto va a escuchar un sonido distinto al que percibe el director: «Claro, yo conozco la música principalmente desde mi puesto. Y estoy en condiciones de matizar una reproducción realizando mi concepción de la sonoridad no tanto para mí como para los oyentes que se encuentran en la sala. Para eso están los numerosos ensayos y la familiaridad con las condiciones acústicas del local en el que tocamos. A pesar de todo, sé que resulta casi imposible —incluso en las circunstancias más favorables— transmitir al público lo que yo escucho o quiero escuchar en el concierto. En las grabaciones discográficas, por el contrario, existe esa posibilidad; al menos en teoría. Durante el registro —y también después— puedo intervenir para regular y conseguir finalmente el sonido que yo escucho en el estudio y que también oye el amante de la música que compra el disco. A pesar de todo, debo admitir que también esto es teoría. Sólo en contados momentos de mi dilatada trayectoria como intérprete he experimentado aquel sentimiento de dicha que se difunde cuando las propias ideas acerca de una composición concuerdan con lo que se ha creado. Pero se dan esos raros momentos, y me demuestran lo que se puede alcanzar en unas condiciones ideales. Esos requisitos ideales son: trabajar con músicos en los que uno pueda confiar, contar con un equipo de colaboradores que sepa exactamente de qué se trata, tener todos la posibilidad técnica de traducir nuestras ideas.

»Tengo la suerte de haber encontrado hace muchos años a Michel Glotz. Los dos tenemos el mismo oído. Lo sé por las numerosas grabaciones que hemos hecho juntos, y me han confirmado en esta creencia los momentos de dicha: él oye lo que yo desearía oír. En la praxis, eso significa que sigo irritándome cuando él interrumpe y pone objeciones en una grabación. Pero si escucho atentamente donde ha interrumpido, llego siempre a la conclusión de que él tenía razón. No sólo capta los errores que tal vez se me han pasado por alto mientras dirigía. No se limita a captar que una entrada no ha sido ideal o que, de repente, he cambiado a un ritmo demasiado lento. Ésas son cosas que todo buen director de grabaciones es capaz de oír. Michel Glotz percibe más. Se da cuenta de cuándo todos nosotros —la orquesta y yo— nos alejamos de la interpretación que realmente queremos. Contar con una persona de esas características es tener resuelto el primer requisito importante.»

Herbert von Karajan, a quien encanta subrayar que no admite palabras de nadie, hace aquí una sorprendente excepción. Repite y modifica la frase. «Los dos tenemos el mismo oído. Lo que él escucha y como él lo escucha, eso termina por ser siempre mi versión.» Para Karajan no termina el trabajo allí donde lo dejan muchos directores: cuando está en la cinta una versión sin fallos, y, al escucharla, uno se siente inclinado a sentirse satisfecho. Precisamente ahí es donde comienza el trabajo para Karajan. Porque nunca hay para él una versión insuperable, sino varios registros aparentemente perfectos de los que se seleccionan los *takes* que uno reúne. Realmente, también ahí hace la selección Michel Gotz. El derecho logrado en una dilatada colaboración le permite decidir por su cuenta. A pesar de todo, Karajan comparte casi siempre la escucha y tiene sumo interés en comprobar si su hombre de confianza atina en la selección. Y sabe que, con su frecuentemente citada obsesión por lo perfecto, se encuentra un tanto solo. «Sé que muchísimos colegas jóvenes no disponen de tiempo para pulir las grabaciones, que encomiendan a los expertos de las respectivas firmas el control acústico, el montaje de las cintas. En ocasiones, hasta renuncian a examinar, siquiera una vez, el resultado final. Las firmas se lo ponen fácil, y ellos se lo toman un tanto a la ligera. Yo provengo de otros tiempos. Concibo de forma distinta la tarea de un director. Yo soy el único responsable de la grabación. Por consiguiente, debo ocuparme del sonido definitivo de una grabación que se consigue no con la orquesta, sino en el pupitre de mezcla. Es éste un punto sobre el que hay muchas opiniones, y sobre el que yo siempre he pensado de la misma manera. El comprador de un disco o de un *compact disc* escucha siempre algo distinto o más de lo que una orquesta ha tocado en el estudio bajo la batuta de un director. Escucha una grabación. En consecuencia, debo interesarme también por esta grabación. Y debo poner mis cinco sentidos para que ella se solape con mi concepción musical.»

7

el bello son de Karajan

LO que Karajan tiene que decir sobre este tema no lo ha comentado en una única ocasión, sino que lo ha sacado constantemente a colación, y con variaciones. Además, todas sus consideraciones al respecto reconducen a lo que Karajan ha definido en sus consideraciones sobre la representación óptica como el gran y único tema: su interpretación.

«Están en lo cierto cuando dicen de mí que procuro siempre lograr un bello sonido. Y no lo tomo como reproche, sino como cumplido de algo que yo cuido extremadamente. Cuando se me dice que achato las aristas, respondo diciendo que, en mi opinión, nada hay que achatar en la música. El sonido de la orquesta que se me reconoce o reprocha se produce por sí mismo. Yo exijo a la orquesta que toque cada nota dándole el valor que quiso el compositor, y que no la debilite antes de completar su valor concreto. Y eso basta para que se produzca espontáneamente una impresión sonora algo distinta de la que producen otras interpretaciones. Y de eso no hay quien me apee. Es posible que alguien me considere anticuado. Tal vez exista otra evolución, incluso más correcta y explicable. Yo no la conozco ni la he oído en parte alguna. Lo que escucho cuando alguien hace una música expresamente distinta a la que he aprendido a lo largo de toda una vida no es más que una simple moda, una tendencia.

»Y me explico. Entiendo por moda o tendencia eso de hablar de

Los últimos momentos de su vida los dedicó a descansar junto al mar
(Foto EFE)

''Mozart hoy''. Tal eslogan me parece un estallido cargado de presunción. Y no encuentro mucho sentido en lo que se me quiere presentar como nuevo. Cuando, por ejemplo, me recuerdan con qué número de músicos hacía música Mozart y me recomiendan los instrumentos originales del tiempo de Mozart, me siento extraordinariamente satisfecho. Es bien conocida la capacidad de Mozart para adaptarse a las circunstancias concretas, y sabemos lo encantado que se sentía cuando podía contar con un número mayor de instrumentos de cuerda. En cuanto a los instrumentos antiguos, tengo un oído demasiado fino como para no percibir que hoy no darían la talla. En la mayoría de las grabaciones que conozco ''del original'', los músicos —que suelen afinar bien de ordinario— me producen la sensación de desafinación cuando tocan juntos. Nadie puede afirmar que no percibe esto. Y nadie estará dispuesto a afirmar que Mozart compuso intencionadamente para un grupo de instrumentos desafinados. En cuanto al sonido de los instrumentos originales, permítaseme decir que resulta chirriante. La fascinación que dimana de ese sonido nunca ha llegado a apoderarse de mí.»

Seguro de sí mismo, pero modesto, se muestra Karajan cuando ofrece en este contexto una forma de autocaracterización más bien nueva. «Por supuesto que tengo mis propias ideas acerca de todo los relacionado con la interpretación. Naturalmente que se me puede llamar músico rodado. Naturalmente que —tras las décadas que llevo haciendo música y después de cuanto he conseguido— tengo un punto de vista firme que estoy dispuesto a defender con uñas y dientes. Y naturalmente que, a pesar de eso, no soy tan presuntuoso como para juzgar sobre el futuro. Ya llegará y traerá sus propios cambios. Y suplantará al actual son de moda, con todos sus intérpretes. Incluso antes de que eso suceda, todos los actuales intérpretes cambiarán, pues también la vida artística está hecha de cambio contante.»

Cuando se enfrasca en estos temas, Karajan adopta una actitud altamente combativa, se enzarza gustoso en la discusión, y deja muy claro que sabe cómo le juzgan. «Muchos de mis críticos escriben y escribirán que musico con excesiva ostentación. Es posible. Siempre se ha dicho de mí que tengo un don para musicar con cierta suntuosidad. Consideré en todo momento que esa actitud es correcta. Tiene algo que ver con el respeto al arte, y no estoy dispuesto a abdicar de él aunque pueda parecer hoy anticuado. Cuando yo era joven, uno se aproximaba con respeto y veneración a la música. Y se celebraba cada aproximación como todo un evento. Ya me doy cuenta de que los tiempos han cambiado, que las personas han cambiado, que ya no se quiere ni oír hablar de respeto y veneración, que no se lleva ahora eso de celebrar un concierto. Las gentes se esfuerzan con éxito para hacerse horribles, para vestirse como unos pordioseros. Hacen lo menos posible por la belleza. Observo esta tendencia desde hace años. He llegado a constatarla incluso en mis propias hijas, que intentan a veces parecer lo más desastradas, porque es la moda. Sé que nada de eso se puede cambiar de momento. Pero nadie puede pedirme que busque explicaciones corteses o comprensivas, o que, incluso, lo apruebe y me acomode. Yo provengo de otros tiempos. Y lo que deseo conservar para mí y para el futuro también viene de otros tiempos.

»Eso que se ha dado en llamar mi bello son y que defiendo a capa y espada va —todos los músicos de orquesta con los que he trabajado durante los últimos años pueden confirmarlo— contra lo que he llamado en otro lugar falsificación de documentos. Si en las escenificaciones no comprendo ni aprecio que los directores artísticos pretendan sacrificar las indicaciones de los autores en aras de sus propias ideas originales, en los ensayos para un concierto me esfuerzo exclusivamente en que se reproduzcan lo más correctamente posible las notas. Lo prueba el reconocimiento general de que utilizo poquísimas frases en los ensayos, desde hace bastantes décadas. No sé cuántas veces las habré repetido, pero soy consciente de que las utilizo incensantemente con los filarmónicos de Berlín y de Viena, y de que debo echar mano de ellas con frecuencia cuando trabajo con una orquesta con la que no he hecho música durante cierto tiempo. Toda buena orquesta tiene propiedades, y mis dos extraordinarias orquestas difieren entre sí, como es natural. A pesar de todo, tengo que decir a cada orquesta —constantemente en los ensayos— una frase: ''Señores, lo que ustedes tocan no es cierto''.»

Karajan explica su pensamiento incluso cantando con gran entusiasmo. Expresa su punto de vista en una conversación *vis à vis* comenzando, de pronto, a dirigir. Y uno termina por darse cuenta de que el filme es el medio más convincente para exponer sus ideas.

Opina, por ejemplo, que algunos músicos de orquesta tienen el mal hábito de interrumpir constantemente su interpretación. Tocan nota a nota, pero ninguna de ellas hasta su verdadero final. Ejemplo predilecto de Karajan: toda orquesta opina que un acorte *forte* debe comenzarse con potencia, para ir decreciendo paulatinamente en intensidad, pues ésta se desinfla, como es natural. «Cuando interpretamos por última vez el *Te Deum* de Anton Brukner empleé mucho tiempo suplicando a los intérpretes que terminaran el acorde final con la misma intensidad que le daban en su comienzo. Lo conseguí. Este último acorde estaba allí como un monumento. Jamás lo olvidaré.»

Parece que el problema de la interpretación de la música se reduce para Herbert von Karajan a «pocas frases» del mencionado corte y a vivencias que causan admiración a un lego en la materia. Por ejemplo, se centra en los llamados pasajes complicados de una partitura que Karajan detecta allí donde no todo profesor de la orquesta sabe exactamente en qué relación está su parte con la de sus colegas. En Richard Strauss hay acordes de los instrumentos de viento que, según Karajan, nunca se pueden tocar con absoluta limpieza y que, al parecer, tampoco pueden sonar con pureza. Existen además numerosos obstáculos externos que se producen a lo largo de decenios porque las orquestas siempre utilizan sus propias partituras y eso lleva a comprimir los tiempos. A veces, un grabador de música —para ahorrar espacio o para encontrar un momento propicio para pasar hoja— reduce el espacio dedicado a cada compás y provoca que generaciones de músicos cambien el *tempo* empujados exclusivamente por la impresión óptica que producen las notas, no por la intención del compositor.

Cuando Herbert von Karajan habla de falsificación de documentos encuentra ejemplos de todo tipo. Recuerda a un *regisseur* que —por motivos ópticos— no quería saber nada de los quebrados trozos de Nothung en el último acto de *La Walkyria*. Le llenan de sorpresa las últimas y exitosas escenificaciones de Mozart en las que él ya no reconoce *La flauta mágica*. Percibió, sin embargo, con toda nitidez, que cantaban muy mal. Inmediatamente después se muestra algo más indulgente y recuerda a Víctor de Sabata, quien tenía una inigualable memoria para las partituras y sufría cuando se falseaban las notas. Falsificación de documento. En cuanto a las notas mencionadas hace unos instantes, en las que generaciones de profesores de orquesta leen tiempos incorrectos, Karajan se niega a aceptar la más sencilla de todas las recetas: notas nuevas y mejor grabadas. Él es un hombre con mucha experiencia y sabe que los músicos de una orquesta consignan en sus habituales partituras detalles que pasan a ser también historia de la música y dicen mucho sobre la vida de una orquesta. «Se pasan toda una vida tocando de la misma partitura. Ésta llega a convertirse en una parte de la vida de los músicos, y no podemos quitarles de pronto esos papeles. Sus ojos se han habituado a ellas. Los músicos miran sólo las notas, casi nunca al director. Sólo el concertino constituye la excepción. Toca de memoria y da al director la inestimable alegría de interesarse por él...»

Como persona experimentada, Karajan no tiene inconveniente en admitir que se han producido numerosos cambios a lo largo de su dilatada carrera de director de orquesta. Ha mejorado mucho la destreza técnica de los músicos, la precisión se ha incrementado de modo notable, se ha ampliado el repertorio, y también ha crecido considerablemente la capacidad de leer correcta y rápidamente una pieza nueva. Piensa Karajan que obligación de un director de su prestigio es tratar de arrancar constantemente aquellos malos hábitos que se niegan a desaparecer.

Entre una demoledora gira de conciertos y una serie de grabaciones discográficas, Karajan no suele disponer de más tiempo de recuperación que un colega suyo más joven. Por otra parte, tampoco parece necesitar más tiempo. Está en contacto con sus colaboradores y aprovecha la pausa para dar a conocer el programa definitivo de los festivales de Pascua de 1988. Escenificará y dirigirá *Tosca*. Su público, que acude a los festivales de Pascua por verle a él, no podrá quejarse diciendo que ve una producción contemplada ya en otras ocasiones. Recibirá una primicia.

Y sus colaboradores más íntimos, a los que se suele mirar fijamente a los ojos para detectar rumores o confirmar frases inconclusas dichas por Karajan a lo largo de los ensayos públicos, guardan el más absoluto silencio, pero saben que Herbert von Karajan tiene planes que van más allá de 1988. Que no se contenta con actuar como miembro del comité de los festivales de Salzburgo y «producir» para ellos *Don Giovanni* en 1991, sino que se hace sus propios planes para ese lapso de tiempo. Desde luego, no piensa renunciar a los festivales de Pascua antes de esa fecha.

Estos temas han aflorado en algunas conversaciones. Desde que hay una estrecha vinculación entre ambos grandes y concurridísimos festivales de Salzburgo, desde que se ha llegado a repartir sobre una base necesaria y justa los costos de producción, también él está abierto a pensar en voz alta sobre el porvenir de los festivales de Pascua. «Por supuesto que seguirán existiendo cuando yo deje de dirigir. Eso está fuera de toda duda. Los festivales de Pascua han arraigado en la ciudad, tienen su espacio específico en el decurso del año en Salzburgo. No me hago ilusiones al respecto, pero tampoco estoy preocupado.

Estoy convencido de que las personalidades responsables de Salzburgo no permitirán que languidezcan los festivales de Pascua. Serían estúpidos si no mantuvieran viva una institución que aporta a su ciudad tanta atención y dinero.» Y piensa otra vez el oyente atento: un vídeo con la conversación resultaría mucho más ilustrativo que cualquier narración o formación literal. Porque Herbert von Karajan, más bien cansado y no libre de dolores, se pone casi dicharachero cuando piensa en el futuro de una fiesta que él fundó hace más de veinte años y que ha guiado con voluntad férrea y de acuerdo con sus propias ideas.

«Ya sé exactamente lo que sucederá. Cuando anunciamos actualmente ambas representaciones operísticas para los festivales de Pascua y ponemos las entradas a la venta, tenemos un número de peticiones treinta veces superior al que podemos satisfacer. Cuando yo deje de dirigir, quizá se produzca algún cambio al principio. Puede ser que la demanda decrezca algo al principio, y que el número de peticiones de entradas sea sólo diez veces superior al que podemos poner a la venta; pero seguirá habiendo un número de amantes de la ópera más que suficiente para abarrotar el teatro en todas las funciones de los festivales de Pascua. Yo no estaré ya entonces ni tendré que cargar con más preocupaciones.» Y sabedor de que la gente quiere escuchar de él una palabra sobre el director al que confiará la guía de los festivales de Pascua, Herbert von Karajan no se atrinchera tras una muralla de silencio, sino que bromea: «¿Sabe usted lo que pasará? Se darán las mismas intrigas que han existido siempre en Salzburgo y en otras partes.»

Se niega a hablar de esto. Sobre todo, tiene verdadero interés en que no se le interprete mal. Sólo pretende indicar que conoce el mundo, especialmente su mundo, y que abandonó las ilusiones hace ya mucho tiempo. Aunque se considera el último representante de un período del mundo musical europeo y emplea sus fuerzas en recoger y transmitir en música e imagen ese período, sabe, sin embargo, que no es el final del mundo. El mundo seguirá dando vueltas, opina Karajan. De ahí que no se sienta triste ni horrorizado. Prefiere confesar a la cinta magnetofónica que le encantaría poder contemplar lo que muchas personas e instituciones llevarán a cabo para poder hacerse con algo que ahora está bien seguro en sus propias manos.

Y se sigue negando en redondo a dar consejos a aquellos que piensan ya secretamente en quiénes deben repartirse las diversas funciones reunidas ahora en la persona del maestro de Salzburgo. ¿Por qué habría de darlos? Herbert von Karajan está condenado a entenderse —así piensa él— con los músicos de la orquesta de Berlín en su condición de director artístico vitalicio. Y debe cuidar —mediante la continuidad— para que también la generación ahora joven lleve su sello. «El trabajo en común durante generaciones no sólo me ha reportado frutos, sino que sigue suponiendo para mí una carga psíquica. Sucede aún que voy a ensayar y se me informa de que se ha despedido a un miembro de la orquesta, de que un filarmónico de Berlín se ha jubilado... Me asusto y casi no sé lo que debo decir en ese instante. ¿Es que queréis dejarme completamente solo? Mi pregunta suena aproximadamente así. Pero sé al mismo tiempo que, desde el principio de lo que se ha descrito como nuestro matrimonio, no han faltado nuevos retoños a los filarmónicos de Berlín. Y ellos transmitirán lo que juntos hemos conseguido a fuerza de trabajo.»

Karajan no habla ya de esto. La mención de nombres le ha procurado malas experiencias. Siempre que ha hablado con cortesía o de forma positiva acerca de un colega han interpretado sus palabras como denominación de su sucesor, y no se han cohibido en decir sandeces. Cuando, por ejemplo, él subrayaba el alto aprecio en que tiene al italiano Carlo María Giulini, nadie reparaba en la edad de éste, sino que se limitaban a insistir en que Karajan lo había recomendado como un sucesor al frente de la Filarmónica de Berlín. Quizá por eso es Karajan tan parco en sus manifestaciones a la opinión pública, y tan poco dado a mencionar en privado a directores a los que considera muy dotados. No quiere que se le interprete mal, no desea ocasionar daños a nadie. Además, no tiene la menor intención de preparar el camino a un sucesor.

Por otro lado, las personas que le rodean no tienen el menor reparo en afirmar sin rodeos que él no vivirá, musicará ni dirigirá eternamente. A veces siente verdadero placer en intranquilizar con alusiones a los que no se atreven a discutir delante de él lo que piensan con frecuencia en su interior. Herbert von Karajan va dejando caer frases como: «Cuando yo muera se publicarán todas mis fotos desenfocadas.» Y escudriña el rostro de su interlocutor mientras disemina tales frases en la conversación. Simultáneamente hace planes a largo plazo. Y ha organizado su vida para poder realizar el mayor número posible de ellos. El observador tiene casi la certeza de que Karajan no se retirará. Siempre ha dado la impresión de querer sobrevivir como radiante héroe deportivo, dispuesto a pasar por numerosas operaciones quirúrgicas y dolores para lograrlo. Ha aceptado sus dolores y su enfermedad e intenta sacar el mayor provecho de ellos.

«Naturalmente, mi limitadísima libertad de movimiento ha abierto un nuevo período de mi vida. Puedo reconquistar la música desde esta mi nueva condición. No encuentro en mi vida motivo alguno para sentirme pesimista: he llegado a reconocer las ventajas y las aprovecho a fondo. Debido al casi obligado reposo, tengo tiempo para estudiar, para escuchar de nuevo toda la música. E incluso para escuchar todas mis grabaciones. Percibo ahora que mi sintonía interior con la música estaba dañada entonces. Pienso cómo puedo repararla y siento el profundo deseo de volver a grabar aquella música. Ahora sé mejor cómo tiene que sonar. Tengo ahora tiempo para comprender en el sosiego. Es una especie de gracia que mi estado físico me obligue a ser muy crítico con cuanto hice en otro tiempo, cuando no había tiempo para reflexionar tanto.»

La pregunta inmediatamente siguiente sobre cuál de sus innumerables grabaciones discográficas prefiere, cuál desecha y qué grabación desearía hacer por encima de todas, no recibe una respuesta. Como es natural. Con todo, Karajan deja entrever que siente un cariño y aprecio especiales por algunas obras a las que se les sigue denominando música de divertimiento. Señala sus grabaciones de la ópera de Offenbach *Cuentos de Hoffmann* con la Filarmónica de Berlín, y la obra le produce escalofríos de emoción. No se limita a tararear la «Barcarola», sino que está interesado en que el público sepa que una persona muere en esta ópera bajo los sonidos de una música fascinante. «Aquí, ningún compás ha sido compuesto a la ligera», dice Karajan. Y una sola frase esboza la figura de Offenbach como no siempre es dado ver ni siquiera en los círculos de los iniciados en la música. Karajan no excluye a los filarmónicos de Viena, con los que trabaja más estrechamente que nunca. Menciona de golpe dos grabaciones que nacieron casi seguidas. Tocó el *Réquiem* de Mozart con la orquesta vienesa, e inmediatamente después hizo los primeros registros para el único concierto de Año Nuevo que ha dirigido en toda su carrera. Tanto con Mozart como con Johann Strauss se sentía en su propia casa. Por la música y por los profesores que la interpretaban. No habla de Mozart, porque lo considera innecesario. Pero sí quiere dejar constancia de lo maravillosa que es la música de Johann Strauss, que le ha acompañado durante toda su vida.

¿Música de Johann Strauss a lo largo de la vida de Karajan? Como en otras cuestiones, tampoco aquí consigna los ejemplos el director en persona, pero disfruta cuando le refrescan ciertos recuerdos. La escuchó en su infancia, cuando todavía estaban en activo músicos que habían conocido al compositor y sus *tempi*. Durante ocho años actuó en Ulm con una orquesta para la que las operetas de Strauss eran uno de los componentes básicos del repertorio. Como director artístico de la Ópera Nacional de Viena dirigió una producción de *El murciélago* que hizo carrera como grabación discográfica. También con los filarmónicos berlineses hizo Karajan grabaciones de Strauss. Pero hay algo mucho más importante: deseó intensamente dirigir el concierto de Año Nuevo de 1987 y gastó muchas energías en ver realizado tal deseo. No sólo participó en la confección del programa, sino que ideó la escenificación de la tradicional transmisión televisiva, pensó las extraordinarias coreografías y se responsabilizó de que se mostrara en aquella transmisión la Escuela Española de Equitación. «Me mostraron un filme de los Lipizzanos, y me encantó sobremanera la música de Johann Strauss padre. Me agradó especialmente que —al mostrarme la película— se me dijera que aquélla era la música y el *tempo* al que estaban habituados los caballos. Aquello me pareció bueno y atinado. En consecuencia, me atuve al *tempo* al que los caballos de la Escuela Española de Equitación están acostumbrados.» Y cuando, inminente ya el concierto de Año Nuevo, los partes médicos dieron pie para que la gente empezara a temer que Karajan no pudiera dirigir, él fue el único que no quiso entender tal preocupación.

Asistió disciplinado y puntual a los primeros ensayos. Se hizo cargo de las filmaciones previas para la televisión, dirigió el tradicional ensayo público para el ejército austriaco, estuvo al frente de la orquesta en el concierto vespertino de San Silvestre de 1986, y tal buen aspecto y humor demostró en el concierto de Año Nuevo de 1987 que incluso los críticos más puntillosos y atentos pugnaron entre sí por ver quién colgaba mayor número de alabanzas sobre Karajan. Éste se sintió dichoso y feliz desde el instante en que se decidió a dirigir el concierto. «Desde el primer compás, la orquesta y yo fuimos un solo corazón y una sola alma», dijo. Durante muchos años, fue aquélla la única vez en que se las dio de austriaco, casi de vienés. «¿Qué puedo dicer sobre Johann Strauss? Todos lo llevamos en la sangre. Los músicos no necesitamos hablar mucho de él.»

Karajan no dice ni una palabra sobre las composiciones que desearía grabar. Él tiene un plan, pero no está dispuesto a darlo a conocer con toda claridad. Pues confiesa pensar de tal modo en la renovación de sus grabaciones que repetirá incluso algunos de los registros fijados para su *Home-Video* si se le presentara la oportunidad. Mientras pueda trabajar, ampliará en alguna medida el *pensum* de su trabajo.

Y aunque casi se lo han pedido de rodillas en más de una ocasión, ni una palabra sobre su vida privada, cerrada siempre a la voracidad de la opinión pública. Su familia le pertenece a él, no a los medios de masas. Considera a sus más estrechos colaboradores como escudo protector. Y hace cuanto puede para mostrarles su profundo agradecimiento siempre que ellos asumen esa función. Es claro que ha ayudado a generaciones de cantantes a escalar a la fama y a percibir altos honorarios. Pero no habla de eso. Tampoco comenta haber tenido que despedirse de muchos en el transcurso del tiempo. Por ejemplo, aborrece que le pregunten si lamente la pérdida de un legendario *ensemble* Mozart. ¿Por qué los amantes de la música se niegan a reconocer que el tiempo sigue su curso, que es preciso buscar nuevos cantantes, que son necesarios los cambios ininterrumpidos no sólo en la orquesta, sino también en la escena? Herbert von Karajan tiene gran interés por los intérpretes más jóvenes y jovencísimos. No habla de los que están próximos a jubilarse o se han retirado ya.

No se da por enterado de las barreras que derivan, por ejemplo, de la pertenencia a una raza concreta. En sus concursos han ganado también músicos jóvenes de la URSS. E invita a sus festivales de Pascua a cantantes cuyas voces le parecen interesantes.

Cuando hubo que sustituir a José Carreras en *Don Carlos*, salió a escena —para sorpresa de todos— un joven cantante negro de piel particularmente oscura. Los técnicos de iluminación responsables del registro televisivo hicieron saber, llenos de estupor, que ni los medios más modernos permitirían convertirlo en un Don Carlos europeo. Pero Herbert von Karajan se limitó a formular una pregunta: «¿Qué hacemos si él tiene la mejor voz?» Se ocupó intensamente del aventajado tenor, y no permitió que nadie le diera un trato discriminatorio.

Herbert von Karajan no está dispuesto a formular un resumen. El inminente octogésimo aniversario de su nacimiento es para él una fecha probablemente más agotadora, pero no un hito o el comienzo de una nueva fase de su vida. Él utiliza otros parámetros para medir su vida. Cuando habla del tiempo de la dura escuela, se refiere a su vida anterior a la segunda guerra mundial. Y considera el tiempo posterior a ella como período de obligada inactividad y reflexión. Entró posteriormente en una fase de trabajo concienzudo y cargado de éxitos. Comprende ahí sus actividades por todo el mundo hasta el momento en que dejó de ser director artístico de la Ópera Nacional de Viena. La creación de los festivales de Pascua marca, según él, la entrada en su época de madurez artística. Con los últimos años ha comenzado —aunque no lo confiesa claramente— el tiempo del resumen, de la redacción detallada de su testamento artístico.

Esta última época está marcada también por la enorme preocupación que sienten todos los miembros del comité acerca del futuro de los festivales de Salzburgo. Karajan sabe que éstos sufrirán ligeros cambios cuando él deje de ser el principal motivo de atracción. Se imagina que sucederá algo de lo que él ha llamado «falsificación de documentos». Pero es lo suficientemente realista como para no preocuparse por ello. En la tercera generación experimenta él que los festivales de Salzburgo dan la apariencia de constituir una amplia oferta, cuando, en realidad, reflejan los planes de unas pocas personalidades artísticas. Y esto, según él, no cambiará en el futuro. Se observa con suma curiosidad quién asiste a los ensayos de Karajan o a qué directores se invita a los festivales, por supuesta sugerencia del maestro de Salzburgo. El bien atento interlocutor del director se cree en la obligación de consignar con toda rotundidad que Herbert von Karajan jamás ha mencionado un nombre. Está relacionado con un número de colegas más amplio del que se cree. Con nadie ha hablado sobre sucesión o paso a una nueva era. No habla con nadie sobre algo que él ya no puede configurar.

Por supuesto, habla con una extraordinaria autodisciplina y discreción sobre su estado de salud. «Lo que más siento es que mi enfermedad me ha cerrado las puertas de casi todos los deportes. He sido muy activo durante toda mi vida y, como constato ahora, me entregué con entusiasmo al deporte. Por eso me resultan doblemente penosas las secuelas físicas de mi enfermedad. Me afecta profundamente pensar que ya no puedo esquiar, que debí renunciar al yate y que ya no puedo dar grandes caminatas por la montaña. La imposibilidad de continuar los paseos de horas y horas que me daba cada día o cada noche ha producido un cambio radical en mi vida. De todas mis actividades deportivas, sólo me ha quedado la natación. Las numerosas operaciones e infecciones que he padecido en los últimos tiempos me han obligado a quedarme en casa. Paso muchísimas horas sentado, estudiando mis partituras y trabajando en mis filmes.

Entiendo que se ha producido un corte en mi vida, y me veo obligado a encontrarle un sentido, que trato de descubrir estudiando de nuevo.»

Karajan soporta con calma y concentración dolores y molestias. Y no tiene la menor intención de transmitir a la opinión pública la imagen de un pobre hombre en el sentido más literal de la palabra. Tampoco piensa contar más acerca de su ocupación privada. «Ahora tengo todo el tiempo del mundo, pero me cuesta muchísimo ponerme a escribir. Por eso no trabajo en mi propio libro. En lo concerniente a lecturas, las novelas siguen sin interesarme. Necesito estar rodeado siempre de libros de los que pueda aprender algo. Eso significa que me trago revistas especializadas en el mundo de la técnica, que estoy al corriente del progreso. Ahora vuelvo a interesarme por la historia. Me gusta estudiarla con la ayuda de Egon Friedell. Le conocí y admiré en los lejanos días salzburgueses como miembro de la corte de Max Reinhardt. Recuerdo su ingeniosa capacidad para entretener en la famosa y largas noches del palacio Leopoldskron. Cuando, a petición de Reinhardt, leía alguna parte de sus propios escritos, aquellas horas nocturnas resultaban absolutamente fascinantes. Ya entonces me encantó su forma de ver la historia. Ahora leo con gran provecho su historia de la cultura, y admiro el inmenso bagaje de sus conocimientos. Sigo admirando a las personas que son verdaderamente expertas en su campo. Por lo general, suelen ser personas interesadas por la música que encuentran en seguida una base común para conversar conmigo.

Herbert von Karajan sabe que no sólo sus fervientes seguidores, sino la opinión pública en general, han deseado siempre saberlo todo acerca de su vida privada. Sobre las informaciones aparentemente indiscretas, en realidad poco competentes, ha guardado silencio. Ni siquiera en una ocasión ha publicado un desmentido sobre este tema.

«La familia es muy importante para mí. Se me considera poco sociable, pero creo que tal calificación no da en la diana. Efectivamente, no me interesan las asociaciones ni la palabrería superficial. Ni me entusiasman las recepciones y actos similares. Pero el contacto humano que necesito, lo busco y encuentro desde hace muchos años en mi familia. Se equivoca la gente cuando afirma que no tengo tiempo. No niego que exista tal impresión, pues dedico poco tiempo a conversaciones inútiles. Porque me excuso cuando se trata de aparecer en público. En realidad, tengo muchísimo tiempo. Más aún desde mi enfermedad, que me impide caminar.

»Probablemente se sabe que soy una persona con un gran sentido de la disciplina. Eso significa que he tenido siempre la costumbre de vivir concentrado, observando escrupulosamente el adecuado horario de mi día. Ello me ha permitido tener mucho tiempo para mi familia. Cuando mis hijas eran pequeñas procuré pasar mucho tiempo en nuestra casa de St. Moritz con ellas. En un principio hicimos que fueran allí a la escuela, a fin de estar el mayor tiempo posible juntos. Todavía hoy me invade la felicidad cuando pienso en el estrecho contacto que tuvimos entonces. Hacíamos deporte juntos, jugábamos. Fue un tiempo muy dichoso para mí. Por fuerza, el contacto es ahora distinto. Mis hijas se hacen adultas. Para mi hija mayor jamás ha existido otro camino que el recién emprendido, el camino del escenario. Ha seguido una línea muy clara. Ha actuado en teatros de aficionados, ha intentado la dirección de escena: se ha preparado a conciencia. Estoy muy contento de que actúe ahora en Viena, con George Tabori. Me informan que tiene mucho éxito. No me sorprende que triunfe. Ha estudiado y leído mucho. Como toda la familia, tiene su propio amor a la música, y sabe lo que quiere. Nos vemos, estoy enterado de sus cosas, y creo gustoso las excelentes críticas que ha tenido. Tiene mucho talento. La hija pequeña ha estado tres años en Norteamérica, ha hecho un curso de fotografía y vuelve a los Estados Unidos para estudiar música en Boston. Desde un principio se interesó intensamente por la música. Sabe mucho. Tiene perfecto conocimiento de un campo en el que yo soy lego: sabe bastante de *pop* y *rock*, y siente entusiasmo por esa música, que le permite tomar parte activa.»

En la conversación, cuando habla de su familia, Karajan no es altanero, sino, como en este caso, un padre cordial y contento que no oculta el apego que tiene a sus hijas y se comporta con ellas como un padre ejemplar.

«Otra cosa completamente distinta es mi mujer. Ya mucho antes de conocernos tenía un marcado amor por la música. Todavía hoy es una encendida amante de la música, capaz de escuchar con intensidad durante horas. Su positiva participación en mi trabajo ha significado siempre mucho para mí y ha reforzado mi seguridad. A edad muy temprana comenzó a interesarse por la pintura; tiene instinto para este arte, y, por supuesto, una adecuada formación universitaria. Frecuentó cursos en Londres. En Salzburgo participó durante varios veranos en la *Schule des Sehens*. Ha tenido buenos profesores.

»Yo trato de interpretarla. Nunca pienso con la vista. Me resulta imposible verter la música a imágenes. Estoy convencido de que toda la música, incluso la que lleva un título que pretende sugerir imágenes, no es otra cosa que música pura. Escuchando o tocando *La mer*, jamás he pensado en el mar. Voy más lejos. Pienso que Beethoven jamás quiso traducir a música un paisaje. Ni siquiera la música pastoral me sugiere imágenes. También ella es para mí música pura. Y es grande el número de obras a las que los compositores han dado un título a fin de promover de alguna manera la popularidad de su música.

»Cuando escucho o interpreto música, voy directamente a la raíz. Y ésta no es otra cosa que pura música. En mi opinión, otro tanto le sucede a mi mujer en el terreno de la pintura. En realidad, se interesa exclusivamente por la raíz de la pintura, es decir, por los colores. Por los demonios de los colores. No es pintora de paisajes; se esfuerza por reflejar en sus cuadros lo que siente. Eso es más profundo, más importante.

»Hace algunos años le pidieron que pintara veinticinco cuadros. Con ellos se hicieron las cubiertas de una serie de discos de larga duración con grabaciones mías. Y sus pinturas tuvieron un eco enorme. Va a salir ahora otra serie de grabaciones mías, y han pedido de nuevo cuadros de mi esposa. También ella ha madurado. Probablemente, lo que ella pinta se corresponde muchísimo con mi actitud.

»Tal vez vemos a pocas personas. Pero tampoco creo que eso sea cierto. Por supuesto, a mi mujer le encanta salir alguna vez con amigos. Naturalmente, yo doy la impresión de anacoreta. Pero tanto ella como yo llevamos en la sangre el amor a la naturaleza, y cuando —en otros tiempos— caminábamos juntos, aquellas andaduras eran lo más importante para nosotros dos.»

En el repaso definitivo del manuscrito de este libro, Herbert von Karajan comenta sus propias manifestaciones y las observaciones avanzadas por él sobe su estado de salud. El vivir desde hace años en compañía del dolor, el imponer su voluntad a su cuerpo, le llevan a acotaciones que llegan a sacudir incluso a un interlocutor empujado exclusivamente por el afán de saber: «Mi lápida debería decir: Tras largos y penosos sufrimientos...»

Parafrasea su estrecha vinculación con Eliette von Karajan. «Ahora me tomo mucho más tiempo para preparar una tarea artística. Por ejemplo, cuando los filarmónicos me preguntaron si me agradaba dirigir el concierto de Año Nuevo, acepté con júbilo esa invitación. No en vano se trata de valses y polcas que llevamos en la sangre. Pero después no pensé durante tres semanas sino en la música que debíamos tocar. Quise saber lo que se escondía detrás, y no pensé en otra cosa que en los valses y polcas de Johann Strauss padre e hijo. Había olvidado el decurso de esta música. La tenía literalmente bajo la piel. En el primer ensayo, dirigí de forma completamente distinta esa música que tantas y tantas veces había interpretado. Después del concierto, mi mujer me dijo con toda espontaneidad: "Te has convertido en otro hombre." Ella me comprendió a la perfección.»

La fundación que lleva su nombre y que la Sociedad de los Amigos de la Música creó en honor de Herbert von Karajan no fue sólo un regalo que recibió con sumo agradecimiento al cumplir sus setenta y cinco años, sino también la plataforma en la que tuvo oportunidad de intercambiar puntos de vista con los expertos mencionados por él. Se declaró dispuesto a participar en trabajos de investigación patrocinados por esta fundación. Casi siempre sacó tiempo para participar en los simposios públicos de la fundación, que tienen lugar en Salzburgo y Viena. Según Karajan, es más que saludable que las universidades e institutos estimulen a científicos de todo tipo a investigar los efectos que la música ejerce en las personas. «Todos los trabajos nacidos hasta ahora con el apoyo de la fundación me parecen muy interesantes. Con todo, lo más importante que me ha dado la fundación ha sido el poder conocer a eximios científicos de los que pude aprender algo. Naturalmente, mi mayor satisfacción fue comprobar que algunos de ellos son músicos muy dotados y conocen algo de mi materia.» A pesar de todo, Herbert von Karajan no duda en afirmar que la experiencia que da el contacto directo con la música durante toda una vida es más importante para él y para cualquier músico que un resultado científico. No considera la música como un misterio indescifrable ni como un arte completamente diseccionable. «Me resulta inconcebible una vida sin música», afirma en este contexto, definiendo a su modo lo que es para él la música. Contenido y elixir de la vida. Y algo de lo que —para fastidio de muchos amantes de la música— casi nunca habla.

Se encuentran en su biblioteca muchos libros que le han enviado musicólogos y críticos, con dedicatorias que se contradicen con opiniones que esos mismos críticos han aireado públicamente. Por eso precisamente se niega casi en redondo a conversar sobre musicología, y no tiene gran estima por la «ilustración» popular ni por los tratados escritos con el corazón. Por eso precisamente escudriña los manuscritos transmitidos por los compositores, pero nunca ha revelado su predilección por el estudio de manuscritos originales. Contradice, por un lado, a sus intenciones eso de que una composición comienza a vivir bajo las manos configuradoras de un intérprete. Por otro lado, da la impresión de no considerar importante un profundo conocimiento de la historia de la música. Karajan sabe muy bien que todos los compositores cuyos originales se publican y se toman ahora tan en serio se avinieron en sus días a todos los cambios imaginables si éstos parecían necesarios para una representación. Sabe muy bien sobre qué reflexiona y de qué habla. Está preferentemente enterado de que Anton Bruckner se plegaba en seguida al dictado amistoso del director que deseaba interpretar sus sinfonías. Y sabe con qué satisfacción se expresaba Wolfgang Amadeo Mozart cuando podía disponer de un plantel de músicos más numeroso del que solía tener en Viena. En esta ciudad se han conservado bastantes anécdotas de Anton Bruckner que nos lo pintan como persona de una sexualidad muy peculiar y que dejó varias versiones de sus sinfonías porque carecía del coraje suficiente para decidirse por una de ellas. Cuando le sugerían suprimir o cambiar algo, él obedecía al instante. Con todo lo que Herbert von Karajan ha apostado siempre por la obra de Anton Bruckner, uno advierte en la conversación que la tan cacareada humildad de Bruckner es para Karajan pura debilidad de ese músico. Y no suele sentir gran aprecio por las personas débiles.

La vida de Herbert von Karajan, que varios autores han bosquejado y de la que él sólo ha contado algunos episodios, es actualmente una lucha contra las enfermedades y un esfuerzo heroico. ¿Es feliz Herbert von Karajan? El director ignora por completo esta pregunta. ¿Es optimista? Jamás ha sentido interés por este interrogante. En todas las palabras que ha confiado a las cintas magnetofónicas que iban a servir de base a este libro sólo ha hecho dos manifestaciones espontáneas acerca de su vida. Considera que la vida tiene sentido. Tal sentido que permite interpretar incluso los reveses del destino. Y dice: «Una vida sin hacer música me resulta inconcebible.»

TIEMPOS DE UNA VIDA
DISCOGRAFÍA
BIBLIOGRAFÍA

La documentación y selección de este apéndice ha sido realizada por AGUSTÍN FERNÁNDEZ y CARLOS HERRAIZ (documentalistas de R.N.E.)

tiempos de una vida

1908: 5 de abril: nace en Salzburgo (Austria).
1913: Se presenta con pianista en su ciudad natal. Decide estudiar dirección en la Academia de Música de Viena.
1928: 17 de diciembre: dirige por primera vez una orquesta de alumnos de la Academia de Música de Viena.
1929: 23 de enero: se presenta en Salzburgo con una orquesta profesional formada por él.
En ese mismo año es contratado como director del Teatro Municipal de la ciudad alemana de Ulm.
1932: 15 de junio: se casa con Elmy Holgerloef, soprano de la sección de opereta de la Ópera de Aquisgrán.
1933: 8 de abril: se afilia al partido nazi en Salzburgo.
1935: Es nombrado director de la Ópera de Aquisgrán.
1936: Dirige por primera vez en la Ópera Nacional de Viena (Staatsoper) el *Tristán e Isolda*.
1937: Es invitado por la Orquesta Filarmónica de Berlín a dirigir uno de sus conciertos, pero no acepta.
1938: 9 de abril: dirige por primera vez la Orquesta Filarmónica de Berlín.
Dirige en ese mismo año en La Scala de Milán y en el Festival Musical del Mayo Florentino.
1940: Dirige, por primera vez en España, a la Orquesta Filarmónica de Madrid, en el Teatro Calderón madrileño.
1941: Se afinca definitivamente en Berlín.
1942: 2 de octubre: se casa con Anita Gütermann, miembro de una familia germano-judía.

1944: Estrena el *Concierto para orquesta*, de Gottfried von Binem.
1945: Dada la situación incontenible de la guerra se marcha a principios de este año a Milán.
Concluida la segunda guerra mundial es vetado en algunos escenarios acusado de colaborar con el III Reich.
1947: A finales del otoño es rehabilitado oficialmente y se le permite dirigir en todas partes.
En ese mismo año comienza a realizar grabaciones para EMI (ver discografía).
1948: Debuta en los Festivales de Salzburgo dirigiendo *Las bodas de Fígaro,* de W. A. Mozart.
1949: Es nombrado director musical de la Orquesta Philharmonia.
1950: Es nombrado director artístico del Festival de Lucerna.
1951: En este año y el siguiente es invitado por Wieland Wagner —nieto del compositor— a dirigir en Bayreuth.
1953: Estrena en el Teatro della Scala de Milán el *Triunfo de Afrodita,* de Carl Orff.
1955: Sucede a Furtwängler —muerto el 30 de noviembre de 1954— en la dirección de la Orquesta Filarmónica de Berlín con la que realiza una gira por Estados Unidos.
1956: 14 de junio: firma contrato como director artístico de la Ópera Nacional (Staatsoper) de Viena.
1957: Es nombrado director artístico de los Festivales de Salzburgo.
1958: Contrae matrimonio, por tercera vez, con Eliette Mouret, modelo de Dior. Del matrimonio nacieron dos hijas: Isabel y Arabel.
1960: Inaugura en Salzburgo el «Neues Festspielhaus» (Nuevo Teatro de los Festivales) con la representación de *El caballero de la rosa.*
1962: Estrena *Antífona,* de Werner Henze.
Comienzan sus graves problemas de salud al desmayarse durante un ensayo.
1963: Resulta herido al luchar con un ladrón que se había introducido en su residencia de Saint-Tropez.
Inaugura en Berlín la sala Philharmonie.
1964: Dimite definitivamente como director artístico de la Ópera Nacional (Staatsoper) de Viena.
1967: En abril inaugura en Salzburgo su propio festival de música: el Festival de Pascua.
1968: Crea en Berlín la Fundación Karajan para el estudio de las relaciones entre la música y la ciencia. Los días 21 y 22 de abril actúa al frente de la Orquesta Filarmónica de Berlín, en el Teatro Real de Madrid.
En mayo dirige en el Liceo de Barcelona.
Actúa en Madrid al frente de la Orquesta Filarmónica de Berlín.

1969: Es nombrado consejero artístico de la Orquesta de París. En septiembre dirige a la Filarmónica de Berlín, en Palma de Mallorca. Dirige la Filarmónica de Berlín en el Liceo de Barcelona.
1970: Deja el puesto de consejero artístico de la Orquesta de París en manos de sir Georg Solti.
1972: Los días 11 y 12 de mayo, con la Orquesta Filarmónica de Berlín, actúa en el Teatro Real de Madrid.
1973: En junio da tres conciertos en el Festival de Granada, con la Orquesta Filarmónica de Berlín.
1975: Organizados por Ibermúsica, dirige sendos conciertos los días 5 y 6 de junio, en el Teatro Real de Madrid, al frente de la Orquesta Filarmónica de Berlín.
1976: Es operado en Zurich de una hernia de disco.
1978: Es nombrado doctor *honoris causa* por la Universidad de Oxford.
1979: Roban en su residencia de la Costa Azul francesa cuadros y joyas por valor de un millón de francos.
1982: Realiza con la Orquesta Filarmónica de Berlín su enésima gira triungal por Estados Unidos.
1983: En junio es operado de una lesión en las vértebras en una clínica de Hannover.
En ese año protagoniza serios enfrentamientos con los músicos de la Filarmónica de Berlín a causa de la contratación de la joven clarinetista Sabine Meyer.
1986: A principios de año es operado en el Massachussetts General Hospital de Boston.
En abril es intervenido quirúrgicamente en la clínica universitaria de Essen.
En junio recoge el premio Olympia de la Fundación Onassis, concedido a los Festivales de Salzburgo.
1987: Dirige el Concierto de Año Nuevo en Viena (ver discografía).
Participa al frente de la Filarmónica de Berlín en conciertos conmemorativos del 750 aniversario de la fundación de la ciudad de Berlín.
1989: Entre el 17 de enero y el 3 de marzo realiza su última grabación discográfica: la ópera *Un ballo in maschera,* de Verdi (ver discografía).
En abril, debido a su precaria salud, decide dimitir como director de la Orquesta Filarmónica de Berlín.
16 de julio: muere en su casa de Anif, cerca de Salzburgo.
La empresa Sony compra los derechos de distribución del legado audiovisual de Karajan (unas cincuenta horas de conciertos filmados en vídeo después de 1983).

discografía

Dada la enorme producción discográfica editada por Karajan durante casi cincuenta años, hemos querido ofrecer al melómano una amplia selección de sus grabaciones más famosas en «disco compacto», no sólo por ser el soporte sonoro más actual y de mejor calidad de reproducción, sino también porque la mayoría de sus grabaciones más antiguas se están reeditando casi exclusivamente en CD.

BACH, J. S.: *Conciertos de Brandenburgo,* Orq. Fil. de Berlín DG - 2CD 415 374-2 (ADD).

— *Pasión según San Mateo,* G. Janowitz, Ch. Ludwig, P. Schreier, D. Fischer-Dieskau, H. Laubenthal, W. Berry, A. Diakov, Cantores de Viena, Coro de la Ópera Alemana de Berlín, Orq. Fil. de Berlín, grab.: 1972, DG - 3CD 419 789-2 (ADD).

BARTOK: *Concierto para orquesta* + Música para cuerda, percusión y celesta, Orq. Fil. de Berlín GD - CD 415 322-2 (ADD).

BEETHOVEN: *Concierto para piano y orquesta n.º 3,* Glenn Gould, Orq. Fil. de Berlín, grab.: en directo en 1957, Nuova Era - CD 013.6323 (ADD).

— *Concierto triple, para violín, piano y violoncello,* Anne-Sophie Mutter, M. Zeltser, Yo Yo Ma, Orq. Fil. de Berlín, DG - CD 415 276-2 (ADD).

BEETHOVEN: *Concierto para violín y orquesta en Re mayor Op. 61,* Anne-Sophie Mutter, Orq. Fil. de Berlín, grab.: 1980, DG - CD 413 818-2 (ADD).

— *Egmont Op. 84* + *Victoria de Wellington Op. 91* + Marchas militares. G. Janowitz *(Op. 84),* Orq. Fil. de Berlín, grab.: 1970, DG - CD 419 624-2 (ADD).

— *Missa solemnis en Re mayor Op. 123,* G. Janowitz, Ch. Ludwig, F. Wunderlich, W. Berry, Wiener Singverein, Orq. Fil. de Berlín, grab.: 1966, GD - Galleria CD 423 913-2 (ADD).

— *Missa solemnis en Re mayor Op. 123,* L. Cuberli, T. Schmidt, V. Cole, J. van Dam, Wiener Singverein, Orq. Fil. de Berlín DG - 2CD 419 166-2 (DDD).

— *Oberturas* (integral), Orq. Fil. de Berlín, grab.: 1966 y 1970, DG - Galleria 2CD 427 256-2 (ADD).

— *Las 9 sinfonías,* G. Janowitz, H. Rössel-Majdan, W. Kmentt, W. Berry, Wiener Singverein, Orq. Fil. de Berlín, grab.: entre 1961 y 1962, DG - 5CD 429 036-2 (ADD).

— *Las 9 sinfonías* + Oberturas: Egmont y Coriolano, E. Schwarzkopf, M. Höfgen, E. Haefliger, O. Edelmann, Coro Soc. de Amigos de la Música de Viena, Orq. Philharmonia, grab.: entre 1951 y 1955, EMI - 3CD Mono CMS 7 633102-1 (ADD).

— *Sinfonía n.º 7, en La mayor Op. 92* + *Leonora III Op. 72a,* Orq. «Concertgebouw» de Amsterdam. Grab.: 1941 *(Op. 92),* 1943 *(Op. 72a),* Las primeras grabaciones, Vol. 1, DG - CD Mono 423 526-2 (ADD).

— *Sinfonía n.º 9 en Re menor Op. 125 «Coral»,* E. Schwarzkopf, E. Höngen, J. Patzak, H. Hotter, Coro de la Soc. Amigos de la Música de Viena, Orq. Fil. de Viena, grab.: 1947, EMI - CDH 7 61076-2 (ADD).

BERG: *Tres piezas de la «Suite lírica»,* Orq. Fil. de Berlín, grab.: 1973, DG - CD 423 132-2 (ADD).

BIZET: *L'Arlésienne* (suites 1 y 2) + *Carmen* (suite), Orq. Fil. de Berlín, grab.: 1983 y 1985, DG - CD 15 106-2 (DDD).

— *Carmen,* L. Price, F. Corelli, R. Merrill, M. Freni, Coro de la Ópera Nacional de Viena, Orq. Fil. de Viena, grab.: 1963, RCA Víctor - 3CD 86199-2 (ADD).

— *Carmen,* A. Baltsa, J. Carreras, J. van Dam, K. Ricciarelli, Coro de la Ópera de París, Orq. Fil. de Berlín, grab.: 1983, DG - CD 410 088-2 (DDD).

BRAHMS: *Concierto para violín y orquesta en Re mayor, Op. 77.* Anne-Sophie Mutter, Orq. Fil. de Berlín, grab.: 1982, DG - CD 400 064-2 (DDD).

— *Concierto doble, para violín, violoncello y orquesta,* Anne-Sophie Mutter, Antonio Meneses, Orq. Fil. de Berlín, DG - CD 410 603 (DDD).

— *Las 4 sinfonías* + *Variaciones sobre un tema de J. Haydn Op. 56a,* Orq. Fil. de Berlín, grab.: 1983 *(Op. 81),* 1987 *(Opp. 56a, 68, 73),* 1989 *(Opp. 90, 98)* DG - 3CD 427 602-2 (DDD).

BRAHMS: *Sinfonía n.º 1 en Do menor Op.68,* Orq. «Concertgebouw» de Amsterdam, grab.: 1943, Las primeras grabaciones. Vol. 2, DG - CD Mono, 423 527-2 (ADD).
— *Sinfonía n.º 2 en Re mayor Op. 73,* Orq. Philharmonia, grab.: 1957 EMI - CDM 7 69227-2 (ADD).
— *Sinfonía n.º 4 en Mi menor Op. 98,* Orq. Philharmonia, grab.: 1955 EMI - CDM 7 69228-2 (ADD).
— *Sinfonía n.º 4 en Mi menor Op. 98 + Variaciones sobre un tema de Haydn Op. 56a + Obertura Trágica Op. 81,* Orq. Fil. de Berlín, DG - CD 423 205-2 (ADD).
— *Un Requiem Alemán Op. 45,* A. Tomowa-Sintow, J. van Dam, Wiener Singverein, Orq. Fil. de Berlín, grab.: 1976, EMI - CDM 7 69229-2 (ADD).
— *Un Requiem Alemán Op. 45,* B. Hendricks, J. van Dam, Wiener Singverein, Orq. Fil. de Viena, grab.: 1985, DG - CD 410 521-1 (DDD).
BRUCH: *Concierto para violín y orquesta en Sol menor Op. 26,* Anne-Sophie Mutter, Orq. Fil. de Berlín, grab.: 1981, DG - CD 400 031-2 (DDD).
BRUCKNER: *Te Deum,* H. Müller-Molinari, J. Perry, G. Winbergh, A. Malta, Wiener Singverein, Orq. Fil. de Viena, grab.: 1981, DG - CD 410 521-1 (DDD).
— *Sinfonía n.º 2 en Do menor,* Orq. Fil. de Berlín, grab.: 1981, DG - CD 415 988-2 (DDD).
— *Sinfonía n.º 3 en Re menor,* Orq. Fil. de Berlín, grab.: 1981, DG - CD 413 362-2 (DDD).
— *Sinfonía n.º 8 en Do menor,* Orq. Fil. de Viena, grab.: 1989, DG - CD 427 611-2 (DDD).
CHAIKOWSKY: *Concierto para piano y orquesta n.º 1 en Si bemol menor Op. 23,* A. Weissenberg, Orq. de París, grab.: 1970, EMI - CDM 7 69381-2 (ADD).
— *Concierto para piano y orquesta n.º 1 en Si bemol menor, Op. 23,* Y. Kissin, Orq. Fil. de Berlín, grab.: en directo 1988, DG - CD 427 485-2 (DDD).
— *Concierto para violín y orquesta en Re mayor Op. 25,* Anne-Sophie Mutter, Orq. Fil. de Viena, grab.: Festivales de Salzburgo, 1988 DG - CD 419 241-2 (DDD).
— *Obertura solemne «1812» Op. 49 + Cascanueces* (suite) *Op. 71 a + Marcha eslava Op. 31 + Capricho italiano Op. 45. Coro de Cosacos del Don (Op. 49).* Orq. Fil. de Berlín, grab.: 1967, GD - CD 423 225-2 (ADD).
— *Romeo y Julieta + Cascanueces* (suite) *Op. 71a,* Orq. Fil. de Berlín, grab.: 1983, DG - CD 410 873-2 (DDD).
— *Serenata para orquesta de cuerda en Do mayor Op. 48,* Orq. Fil. de Berlín, grab.: 1981, DG - CD 400 038-2 (DDD).

CHAIKOWSKY: *Sinfonía n.º 1 en Sol menor Op. 13 «Sueños de invierno»* + Eugene Onegin (polonesa y vals) + *Marcha eslava Op. 31,* Orq. Fil. de Berlín, grab.: 1967 y 1972, DG - CD 419 176-2 (ADD).

— *Sinfonía n.º 2 en Do menor Op. 17 «Pequeña Rusa» + Obertura solemne «1812» Op. 49. Coro de Cosacos del Don (Op. 49),* Orq. Fil. de Berlín, grab.: 1967 y 1979, DG - CD 419 177-2 (ADD).

— *Sinfonía n.º 3 en Re mayor Op. 29 «Polaca» + Capricho italiano Op. 45,* Orq. Fil. de Berlín, grab.: 1967 y 1979, DG - CD 419 178-2 (ADD).

— *Sinfonía n.º 4 en Fa menor Op. 36 + Capricho italiano Op. 45,* Orq. Fil. de Berlín, grab. 1967 y 1977, DG - Galleria CD 419 872-2 (ADD).

— *Sinfonía n.º 4 en fa menor Op. 36,* Orq. Fil. de Viena, Grab.: 1985, DG - CD 415 348-2 (DDD).

— *Sinfonía n.º 6 en Si menor Op. 74 «Patética»,* Orq. Fil. de Berlín, grab.: 1939, Las primeras grabaciones. Vol. 5, DG - CD Mono 423 530-2 (ADD).

— *Sinfonía n.º 6 en Si menor Op. 74 «Patética» + Romero y Julieta,* Orq. Fil. de Berlín, grab.: 1964 y 1966. DG - CD 423 223-2 (ADD).

— *Sinfonía n.º 6 en Si menor Op. 74 «Patética».* Orq. Fil. de Viena, grab.: 1985, DG - CD 415 095-2 (DDD).

— *Variaciones sobre un tema rococó, para violoncello y orquesta Op. 33,* M. Rostropovich, Orq. Fil. de Berlín, grab.: 1969, DG - CD 413 819-2 (ADD).

DEBUSSY: *La Mer + Prélude à l'Après-midi d'un faune.* Orq. Fil. de Berlín, grab.: 1985, DG - CD 413 589-2 (DDD).

— *Pelléas et Mélisande,* F. von Stade, R. Stilwell, N. Denize, J. van Dam, R. Raimondi, Coro de la Ópera Alemana de Berlín, Orq. Fil. de Berlín, grab.: 1978, EMI - 3CD CDS 7 49 350-2 (ADD).

DONIZETTI: *Lucia di Lammermoor,* M. Callas, G. Di Stefano, R. Panerai, Coro del Teatro della Scala de Milán, Orq. Sinf. RIAS de Berlín, grab.: en directo 1955, Hunt - 2CD HUNTCD 502 (AAD).

DVORAK: *Concierto para violoncello y orquesta en Si menor Op. 104,* M. Rostropovich, Orq. Fil. de Berlín, grab.: 1969, DG - CD 413 819-2 (ADD).

— *Serenata para orquesta de cuerda en Mi mayor Op. 22,* Orq. Fil. de Berlín, grab.: 1981, DG - CD 400 738-2 (DDD).

— *Sinfonía n.º 9 en Mi menor Op. 95 «Del Nuevo Mundo»,* Orq. Fil. de Viena, grab.: 1985, DG - CD 415 509-2 (DDD).

— *Sinfonía n.º 9 en Mi menor Op. 95 «Del Nuevo Mundo»,* Orq. Fil. de Berlín, grab.: 1940, Las primeras grabaciones. Vol. 3, DG - CD Mono 423 528-2 (ADD).

GLUCK: *Orfeo ed Euridice,* F. Simionato, S. Jurinac, G. Sciutti, Coro de la Ópera Nacional (Staatsoper) de Viena, Orq. Fil. de Viena, grab.: en directo, Salzburgo, 1959, Nuova Era - 2CD 2215/16 (ADD).

GRIEG: *Concierto para piano y orquesta en La menor Op. 54,* K. Zimerman, Orq. Fil. de Berlín, DG - CD 410 021-2 (DDD).

— *Peer Gynt, Suite 1 Op. 46* y *Suite 2 Op. 55,* Orq. Fil. de Berlín, grab.: 1983, DG - CD 410 026-2 (DDD).

— *De los tiempos de Holberg Op. 40,* Orq. Fil. de Berlín, DG - CD 400 034-2 (DDD).

HAYDN: *La Creación,* E. Mathis, F. Araiza, J. van Dam, Wiener Singverein, Orq. Fil. de Viena, grab.: Festivales de Salzburgo, 1982, DG - 2CD 410 718-2 (DDD).

— *Las cuatro estaciones,* W. Berry, G. Janowitz, W. Hollweg, Coro de la Ópera Alemana de Berlín, Orq. Fil. de Berlín, grab.: 1972, EMI - 2CD CMS 7 69224-2 (ADD).

— *Las Sinfonías (6) de París,* Orq. Fil. de Berlín, grab.: 1980, DG - 3CD 419 741-2 (DDD).

— *Sinfonía en Re mayor Hob. I: 96 «El milagro» + Sinfonía en Sol mayor Hob. I: 100 «Militar»,* Orq. Fil. de Berlín, grab.: 1981, DG - CD 410 975-2 (DDD).

— *Sinfonía en Sol mayor Hob. I: 94 «Con el golpe de timbal/Sorpresa» + Sinfonía en Re mayor Hob. I: 101 «El reloj»,* Orq. Fil. de Berlín, grab.: 1981, DG - CD 410 869-2 (DDD).

— *Sinfonía en Mi bemol mayor Hob. I: 103 «Con el redoble del timbal» + Sinfonía en Re mayor Hob. I: 104 «Londres»,* Orq. Fil. de Berlín, grab.: 1981, DG - CD 410 517-2 (DDD).

— *Sinfonía en Re mayor Hob. I: 104 «Londres»,* Orq. Fil. de Berlín, grab.: 1982, DG - CD 423 210-2 (DDD).

HOLST: *Los planetas Op. 32,* Orq. Fil. de Berlín, DG - CD 400 028-2 (DDD).

HUMPERDINCK: *Hänsel y Gretel,* E. Schwarzkopf, E. Grümmer, E. Schürhoff, M. von Iloslav, J. Metternich, Choirs of Loughton High School for Girls & Bancroft's School, Orq. Philharmonia, grab.: 1953, EMI - 2CD CMS 7 6923-2 (ADD).

HONEGGER: *Sinfonía n.º 2 + Sinfonía n.º 3 «Litúrgica»,* Orq. Fil. de Berlín, grab.: 1969, DG - CD 23 242-2 (ADD).

LEHAR: *La viuda alegre,* E. Harwood, T. Stratas, R. Kollo, W. Hollweg, Z. Kélémén, Orq. Fil. de Berlín, DG - CD 415 524-2 (ADD).

LISZT: *Los Preludios, poema sinfónico n.º 3,* Orq. Philharmonia, grab.: 1955, EMI - CDM 7 69228-2 (ADD).

— *Sinfonía n.º 3 en La menor «Escocesa» + Obertura «Las Hébridas»* («La gruta de Fingal»), Orq. Fil. de Berlín, grab.: 1971, DG - Galleria CD 419 477-2 (ADD).

MAHLER: *Sinfonía n.º 4,* E. Mathis, Orq. Fil. de Berlín, DG - CD 415 323-2 (ADD).

— *Sinfonía n.º 5 + Kindertotenlieder,* Ch. Ludwig, Orq. Fil. de Berlín, grab.: 1975 y 1973, DG - 2CD 415 096-2 (ADD).

MAHLER: *Sinfonía n.º 6 + Rückert-Lieder,* Ch. Ludwig, Orq. Fil. de Berlín, grab.: 1978 y 1975, DG - 2CD 415 099-2 (ADD).

— *Sinfonía n.º 9,* Orq. Fil. de Berlín, grab.: en directo en el Festival de Berlín, 1982, DG - 2CD 410 726-2 (DDD).

MASCAGNI: *Cavalleria Rusticana,* F. Cossotto, A. Martino, G. Cecchele, G. G. Guelfi, A. di Stasio, Orq. y Coro del Teatro della Scala de Milán, grab.: 1968, Frequenz - CD 011-044-2 (ADD).

MENDELSSOHN: *Concierto para violín y orquesta en Mi menor Op. 64,* Anne-Sophie Mutter, Orq. Fil. de Berlín, grab.: 1981,DG - CD 400 031-2 (DDD).

MOZART: *Concierto para flauta, arpa y orquesta en Do mayor KV. 299 + Concierto para flauta y orquesta en Sol mayor KV. 313,* J. Galway, F. Helmis, A. Blau (KV. 313), Orq. Fil. de Berlín, grab.: 1971, EMI - CDM 7 69187-2 (ADD).

— *Conciertos (4) para trompa y orquesta,* Dennis Brain, Orq. Philharmonia, grab.: 1953, EMI - CDH 7610132 (ADD).

— *Cosi fan tutte,* E. Schwarzkopf, N. Merriman, L. Simoneau, R. Panerai, S. Bruscantini, L. Otto, Coro y Orq. Philharmonia, EMI - 3CD 7 69635-2 (ADD).

— *Divertimento en Re mayor KV. 334 (320b) + Serenata en Re mayor KV. 239,* Orq. Fil. de Berlín, grab.: 1983 y 1987, DG - 423 375-2 (DDD).

— *Divertimento en Si bemol mayor KV. 287 + Serenata en Sol mayor KV. 525 «Pequeña música nocturna»,* Orq. Fil. de Berlín, grab.: 1982 y 1987, DG - CD 423 610-2 (DDD).

— *Don Giovanni,* S. Ramey, P. Burchuladze, A. Tomowa-Sintow, G. Winbergh, A. Baltsa, F. Furlanetto, Coro de la Ópera Alemana de Berlín, Orq. Fil. de Berlín, grab.: 1985, DG - 3CD 419 179-2 (DDD).

— *La flauta mágica,* E. Mathis, K. Ott, J. Perry, A. Tomowa-Sintow, A. Baltsa, F. Araiza, J. van Dam, Coro de la Ópera Alemana de Berlín, Orq. Fil. de Berlín, DG - 3CD 410 967-2 (DDD).

— *La flauta mágica,* I. Seefried, W. Lipp. E. Loose, S. Jurinac, A. Dermota, E. Kunz, G. London. Coro Soc. Amigos de la Música de Viena, Orq. Fil. de Viena, EMI - 2CD 79 631-2 (ADD).

— *Misa en Do mayor KV. 317 «Misa de la Coronación»,* A. Tomowa-Sintow, A. Balts, W. Krenn, J. van Dam, Wiener Singverein, Orq. Fil. de Berlín, grab.: 1976, DG - Galleria CD 423 913-2 (ADD).

— *Gran Misa en Do menor KV. 427 (417a),* B. Hendricks, J. Perry, P. Schreier, B. Luxon, Wiener Singverein, Orq. Fil. de Berlín, grab.: 1981, DG - CD 400 067-2 (DDD).

— *Requiem en Re menor KV. 626,* L. Price, H. Rössl-Majdan, F. Wünderlich, W. Berry, Wiener Singverein, Orq. Fil. de Viena, grab.: Festival de Salzburgo, 1960, Suite - CDS1-6001.

— *Requiem en Re menor KV. 626,* A. Tomowa-Sintow, A. Baltsa, W. Krenn, J. van Dam, Coro Soc. Amigos de la Música de Viena, Orq. Fil. de Berlín, DG - Galleria CD 419 867-2.

MOZART: *Serenata en Sol mayor KV. 525 «Pequeña música nocturna»,* Orq. Fil. de Berlín, DG - CD 400 034-2 (DDD).

— *Sinfonía n.º 35 en Re mayor KV. 385 «Haffner»,* Orq. Fil. de Berlín, grab.: Salzburgo, 1955, Virtuoso - CD 269705-2.

— *Sinfonías 35, 40 y 41,* Orq. Sinf. de la RAI de Turín, Las primeras grabaciones. Vol. 4, DG - CD Mono 423 529-2.

— *Sinfonía n.º 41 en Do mayor KV. 551 «Júpiter»,* Orq. Fil. de Berlín, grab.: 1976, DG - CD 423 210-2 (ADD).

MUSSORGSKY: *Boris Godunov,* N. Ghiaurov, O. Miljakovic, N. Dobrianowa, A. Maslennikov, M. Talvela, G. Vishneskaya, Z. Kélémén, Niños Cantores de Viena, Coro de Radio Sofía, Coro de la Ópera Nacional (Staatsoper) de Viena, Orq. Fil. de Viena, grab.: 1970, Decca - 3CD 411 862-2 (ADD).

NIELSEN: *Sinfonía n.º 4 Op. 29 «La inextinguible»,* grab.: 1982, DG - CD 413 313-2 (DDD).

OFFENBACH: *Oberturas: Orfeo en el infierno; Barba Azul; La Gran Duquesa de Gerolstein; La bella Elena; Vert-Vert; Barcarola de «Los cuentos de Hoffmann»,* Orq. Fil. de Berlín, DG - CD 400 044-2 (DDD).

PUCCINI: *La Boheme,* G. Raimondi, G. Taddei, R. Panerai, I. Vinco, P. Klein, M. Freni, H. Güden. Orq. y Coro de la Ópera Nacional *(Staatsoper)* de Viena, grab.: en directo el 30-XI-1963, Rodolphe - CD RPC 3251-2 (ADD).

— *Tosca,* K. Ricciarelli, J. Carreras, R. Raimondi, G. Hornik, F. Corena, Coro de la Ópera Alemana de Berlín, Niños Cantores de Schöneberg, Orq. Fil. de Berlín, grab.: 1980, DG - 2CD 413 815-2 (ADD).

— *Turandot,* K. Ricciarelli, P. Domingo, B. Hendricks, R. Raimondi, F. Araiza, S. Nimsgern, Coro de la Ópera Nacional (Staatsoper) de Viena, Niños Cantores de Viena, Orq. Fil. de Viena, DG - 3CD 410 096-2 (DDD).

PROKOFIEV: *Sinfonía clásica Op. 25,*Orq. Fil. de Berlín, DG - CD 400 034-2 (DDD).

RAVEL: *Pavana por una infanta difunta + Dafnis y Cloe* (frag. sinf.), Orq. Fil. de Berlín, grab.: 1985, DG - CD 413 589-2 (DDD).

SAINT-SAËNS: *Sinfonía n.º 3 en Do menor Op. 78 «con órgano»,* P. Cochereau. Orq. Fil. de Berlín, grab.: 1982, DG - CD 400 063-2 (DDD).

SCHOENBERG: *Pelleas y Melisande Op. 5,* Orq. Fil. de Berlín, grab.: 1973, DG - CD 423 132-2 (ADD).

— *Noche transfigurada Op. 4 + Variaciones para orquesta,* Orq. Fil. de Berlín, DG - CD 415 326-2 (ADD).

SCHUBERT: *Sinfonía n.º 7 (8) en Re mayor Op. 73 «Inacabada»,* Orquesta Philharmonia, grab.: 1957, EMI - CDM 7 69227-2 (ADD).

SCHUMANN: *Concierto para piano y orquesta en La menor Op. 54,* Krystian Zimerman, Orq. Fil. de Berlín, DG - CD 410 021-2 (DDD).

SCRIABIN: *Cuatro piezas Op. 51,* Orq. Fil. de Berlín, grab.: 1988, DG - CD 427 485-2 (DDD).

SHOSTAKOVICH: *Sinfonía n.º 10 en Mi menor Op. 93,* Orq. Fil. de Berlín, DG - CD 413 361-2 (DDD).

SIBELIUS: *Concierto para violín y orquesta en Re menor Op. 47 + Tapiola Op. 112 + Finlandia Op. 26,* Ch. Ferras, Orq. Fil. de Berlín, grab.: 1965, DG - Galleria CD 419 871-2 (ADD).

— *Pelléas et Mélisande Op. 46,* Orq. Fil. de Berlín, grab.: 1983, DG - CD 410 026-2 (DDD).

SMETANA: *El Moldava.* Orq. Fil. de Berlín, grab.: 1941, Las primeras grabaciones. Vol. 5, DG - CD MONO 423 530-2 (ADD).

— *El Moldava,* Orq. Fil. de Viena, grab.: 1985, DG - CD 415 509-2 (DDD).

STRAUSS, J.: *Vals del emperador Op. 437 + Tritsch-tratsch polka Op. 214 + Rosas del sur Op. 388 + Obertura del «Barón Gitano» + Annen-Polka Op. 117 + Vino, mujeres y canto Op. 333 + De caza Op. 373,* Orq. Fil. de Berlín, DG - CD 410 022-2 (DDD).

— *El bello Danubio azul Op. 314 + Eljen a Magyar Op. 332 + Aceleraciones Op. 234 + Marcha persa Op. 289 + Obertura de «El murciélago» + Corazón ligero Op. 319 + Vida de artista Op. 316 + Bajo truenos y relámpagos Op. 324,* Orq. Fil. de Berlín, DG - CD 400 026-2 (DDD).

— *El murciélago,* H. Güden, R. Streich, W. Berry, E. Kunz, E. Wächter, G. Stolze, G. Zampieri, P. Klein, Coro de la Ópera Nacional (Staatsoper) de Viena, Orq. Fil. de Viena, Foyer - 3-CF 2021 (AAD).

— *El murciélago,* E. Schwarzkopf, N. Gedda, H. Krebs, R. Streich, E. Kunz, Coro y Orq. Philharmonia, grab.: 1955, EMI - 2CD CHS 7 69531-2 (ADD).

— *El murciélago,* W. Kmentt, H. Güden, E. Köth, W. Berry, E. Wächter, G. Zampieri, R. Resnik. Invitados: R. Tebaldi, F. Corena, B. Nilsson, M. del Monaco, T. Berganza, J. Sutherland, J. Björling, L. Pryce, G. Simionato, E. Bastianini, L. Welitsch, Coro de la Ópera Nacional (Staatsoper) de Viena, Orq. Fil. de Viena, grab.: 1960, DECCA - 2CD 421 046-2 (ADD).

— *Obertura de «El murciélago» + Vida de artista Op. 316 + Vals del Emperador Op. 437,* Orq. Fil. de Berlín, grab.: 1941, 1942 y 1943, Las primeras grabaciones. Vol. 3, DG - CD MONO 423 528-2 (ADD).

STRAUSS: *El caballero de la rosa,* E. Schwarzkopf, Ch. Ludwig, T. Stich-Randall, K. Edelmann, E. Wächter, Coro y Orq. Philharmonia, EMI - 3CD CDS 7 49354-2 (ADD).

— *El caballero de la rosa,* A. Tomowa-Sintow, A. Baltsa, J. Perry, K. Moll, W. Lipp, Asociación de Conciertos del Coro de la Ópera Nacional (Staatsoper) de Viena, Orq. Fil. de Viena, DG - 4CD 413 163-2 (DDD).

— *Cuatro últimos lieder + Una vida de héroe Op. 40,* E. Schawarzkopf, Orq. Fil. de Berlín. Grab.: Salzburgo 1964 PARAGON - CD PCD 84008 (ADD).

STRAUSS: *Don Juan Op. 20 + Salomé: danza de los siete velos,* Orq. «Concertgebouw» de Amsterdam, Grab.: 1943, Las primeras grabaciones. Vol. 2, DG - CD Mono 423 527-2 (ADD).

— *Elektra,* M. Mödl, A. Varnay, H. Hillerbrecht, J. King, E. Wächter, T. Franc, H. Rütgers, Coro de la Ópera Nacional (Staatsoper) de Viena, Orq. Fil. de Viena, grab.: Salzburgo, 1964, Melodram - CD MEL 27044 (AAD).

— *Metamorfosis + Muerte y Transfiguración Op. 24,* Orq. Fil. de Berlín, DG - CD 410 892-2 (DDD).

— *Metamorfosis + Concierto para oboe y pequeña orquesta + Cuatro últimos lieder,* L. Koch (oboe), G. Janowitz (soprano), Orq. Fil. de Berlín, grab. 1971 y 1974, DG - Galleria CD 423 888-2 (ADD).

— *Una sinfonía alpina Op. 64,* Orq. Fil. de Berlín, DG - CD 400 039-2 (DDD).

— *Una vida de héroe Op. 40,* Orq. Fil. de Berlín, grab.: Salzburgo, 1964, Virtuoso - CD 269705-2 (ADD).

— *Una vida de héroe Op. 40,* Orq. Fil. de Berlín, grab.: 1985, DG - CD 415 508-2 (DDD).

STRAVINSKY: *La consagración de la primavera + Apollo,* Orq. Fil. de Berlín, grab.: 1973, DG - CD 415 979-2 (ADD).

— *Sinfonía en Do + Sinfonía de los Salmos + Concierto en Re para orquesta de cuerda,* Coro de la Ópera Alemana de Berlín, Orq. Fil. de Berlín, grab.: 1972 y 1979, DG - CD 423 252-2 (ADD).

VERDI: *Un ballo in maschera.* P. Domingo, L. Nucci, J. Barstow, F. Qivar, Konzertvereinigung del Coro de la Ópera Nacional (Staatsoper) de Viena, Orq. Fil. de Viena, grab.: 17 de enero al 3 de febrero de 1989 (última grabación discográfica de H. von Karajan), DG - 2CD 427 635-2 (DDD).

— *Falstaff,* G. Taddei, R. Panerai, F. Araiza, R. Kabaivanska, J. Perry, Ch. Ludwig, Coro de la Ópera Nacional (Staatsoper) de Viena, Orq. Fil. de Viena, grab.: 1980, DG - 2CD 412 263-2 (DDD).

— *Oberturas y preludios de Ópera,* Orq. Fil. de Berlín, DG - CD 419 622-2 (ADD).

— *Otello,* M. del Monaco, R. Tebaldi, A. Protti, Coro de la Ópera Nacional (Staatsoper) de Viena, Coro infantil vienés, Orq. Fil. de Viena, grab.: 1961, DECCA - 2CD 411 618-2 (ADD).

— *Requiem,* M. Freni, Ch. Ludwig, C. Cossutta, N. Ghiaurov, Wiener Singverein, Orq. Fil. de Berlín, grab.: 1972, DG - Galleria 2CD 413 215-2 (ADD).

— *Requiem,* A. Tomowa-Sintow, A. Baltsa, J. Carreras, J. van Dam, Konzertvereinigung del Coro de la Ópera Nacional (Staatsoper) de Viena, Orq. Fil. de Viena, grab.: 1985, DG - 2CD 415 091-2 (DDD).

VERDI: *La traviata,* M. Freni, R. Righetti, L. Leoni, R. Cioni, M. Sereni, N. Zaccaria, Coro y Orquesta del Teatro della Scala de Milán, grab.: 1964, Paragon - 2CD PCD 84006/7 (AAD).

— *Il trovatore,* E. Bastianini, L. Pryce, G. Simionato, F. Corelli, N. Zaccaria, L. Dutoit, K. Equiluz, Coro de la Ópera Nacional (Staatsoper) de Viena, Orq. Fil. de Viena, grab.: Salzburgo, 1962, Movimiento Música - 2CD 012.001 (AAD).

WAGNER: *Lohengrin,*, R. Kollo, A. Tomowa-Sintow, S. Nimsgern, D. Vejzovic, K. Ridderbusch, Coro de la Ópera Alemana de Berlín, Orq. Fil. de Berlín, grab.: 1975, 1976 y 1981, EMI - 4CD CMS 7 69314-2 (ADD).

— *Los maestros cantores de Nuremberg* (preludios de los actos 1 y 3), Staatskapelle Berlín, grab.: 1939, Las primeras grabaciones. Vol. 1, DG - CD Mono 423 526-2 (ADD).

— *El ocaso de los dioses,* H. Brilioth, T. Stewart, Z. Kélémén, K. Ridderbusch, H. Dernesch, G. Janowitz, Ch. Ludwig, L. Chookasian, Coro de la Ópera Alemana de Berlín, Orq. Fil. de Berlín, grab.: 1970, DG - 4CD 415 155-2 (ADD).

— *El oro del Rin,* D. Fischer-Dieskau, R. Kerns, D. Grobe, G. Stolze, Z. Kélémén, M. Talvela, K. Ridderbusch, J. Veasey, H. Donath, E. Moser, A. Reynolds, Orq. Fil. de Berlín, grab.: 1968, DG - 3CD 415 141-2 (ADD).

— *Parsifal,* J. van Dam, V. van Halen, K. Moll, P. Hofmann, S. Nimsgern, D. Vejzovic, B. Hendricks, J. Perry, Coro de la Ópera Alemana de Berlín, Orq. Fil. de Berlín, DG - 4CD 413 347-2 (DDD).

— *Sigfrido,* J. Thomas, G. Stolze, T. Stewart, Z. Kélémén, K. Ridderbusch, O. Domínguez, H. Dernesch, C. Gayer, Orq. Fil. de Berlín, DG - 4CD 150-2 (ADD).

— *Tannhäuser,* H. Breier, E. Wächter, Ch. Ludwig, G. Frick, W. Kmentt, K. Equiluz, G. Janowitz, Coro y Orq. de la Ópera Nacional (Staatsoper) de Viena, grab.: 1963, Nuova Era - 3CD 013 6307/9 (ADD).

— *Tannhäuser y el torneo de cantores en Wartburg* + *Idilio de Sigfrido* + *Tristán e Isolda* (preludio del acto 1 y muerte de Isolda), J. Norman (soprano), Orq. Fil. de Viena, grab.: en directo, 1988 DG - CD 423 613-2 (DDD).

— *La Walkiria,* J. Vickers, M. Talvela, T. Stewart, G. Janowitz, R. Crespín, J. Veasey, Orq. Fil. de Berlín, DG - 4CD 415 145-2 (ADD).

WEBERN: *Passacaglia para orquesta Op. 1* + *Cinco movimientos Op. 5* + *Seis piezas para orquesta* + *Sinfonía Op. 21,* Orq. Fil. de Berlín, grab.: 1973, 1974, DG - DC 423 254-2 (SDD).

VARIOS AUTORES, Recitales: *Concierto de Año Nuevo,* Obras de Johann y Josef Strauss, K. Battle (soprano), Orq. Fil. de Viena, grab.: en directo, 1987, DG - CD 419 413-2 (ADD).

VARIOS AUTORES: *Concierto de Navidad* con obras de: Gabrieli, Corelli, Scheidt, Manfredini, Torelli, Eccard, Locatelli y Gruber, Orq. Fil. de Berlín, DG - Galleria CD 419 413-2 (ADD).

— *Herbert von Karajan dirige,* Obras de Beethoven, Grieg y Liszt, DG - CD 427 027-2 (DDD).

— Intermezzos de ópera y música de ballet de: Ponchielli, Mascagni, Giordano, Schmidt, Massenet, Verdi, Mussorgsky, Berlioz, Smetana y Gounod, Orq. Fil. de Berlín, DG - Galleria CD 415 856-2 (ADD).

— Oberturas e intermedios de: Massenet, Cherubini, Weber, Schmidt, Puccini, Mascagni y Humperdinck. Orq. Fil. de Berlín, grab.: 1980 y 1981, EMI - Studio CDM 7 69020-2 (DDD).

— Oberturas y preludios de: Mozart, Rossini, Weber, Cherubini, J. Strauss y Verdi, Staatskapelle Berlín, grab.: 1938, 1939, 1942 y 1943, Las primeras grabaciones. Vol. 6, DG - CD Mono 423 531-2 (ADD).

— Obras de: Smetana, Liszt, Weber y Rossini, Orq. Fil. de Berlín, DG - CD 413 587-2 (DDD).

— Obras de: Mozart, Beethoven, Brahms, R. Strauss, Chaikovsky, Von Reznicek, Johann y Josef Strauss, Orq. Fil. de Viena, grab.: 1946, 1947, 1948, 1949, EMI - 4CD Mono CMS 7 63326-2 (AAD/ADD).

— Obras de: Schubert, Schumann, Wagner y Dvorak. Orq. Fil. de Berlín, grab.: 1970, 1974, 1976, 1980, EMI - 4CD Mono/Estéreo CMS 7 63321-2 (ADD/DDD).

— Obras de: Mozart, Berlioz, Roussel, Balakirev, Stravinsky y R. Strauss, Orq. Philharmonia, grab.: 1949, 1953 y 1954, EMI - 4CD Mono CMS 7 63316-2 (ADD).

— Valses y polkas de Johann y Josef Strauss, DG - CD 410 027-2 (DDD)

bibliografía por orden cronológico

BLAUKOPF, K.: *Herbert von Karajan*, Great Conductors (Londres, 1955).

GAVOTY, B.; HAUERT, R.: *Herbert von Karajan,* Les grands interprètes (Ginebra, 1955).

HERZFELD, F.: *Herbert von Karajan* (Berlín, 1959).

WITESCHNIK, A.: *Diesen Kuss der ganzen Welt! Mit den Wiener Philharmonikern unter Herbert von Karajan von Moskau bis Paris* (Graz, 1962).

LÖBL, K.: *Das Wunder Karajan* (Bayreuth, 1965).

RAEDT, P. de: *Herbert von Karajan* (Gante, 1965).

HAEUSERMAN, E.: *Herbert von Karajan: Biographie* (Gütersloh, 1968).

ROBINSON, R.: *Karajan* (Londres, 1976).

KRÖKER, H. J.: *Der Magier mit dem Taktstock* (Knaur, 1986).

VAUGHAN, R.: *Herbert von Karajan, la música y los músicos*, Javier Vergara Editores (Buenos Aires, 1986).

DOSIER: «Herbert von Karajan», Revista de música *Scherzo,* núm. 29, págs. 51-81, noviembre de 1988.

Karajan interpreta... Grandes intérpretes de la música clásica (volumen I - fascículos 1, 2 y 3); incluye 4 discos compactos, Editorial Planeta-Agostini, Barcelona, 1990.

OSBORNE, R.: *Conversations with Karajan*, Intercontinental, Londres, 1990 (de próxima aparición).

índice